Upper Elementary Work
A Comprehensive and Systematic Program of A

MW01264214

IQRA' Arabic Reader

2

by Fadel Ibrahim Abdallah

IQRA' International Educational Foundation

**Part of a Comprehensive
and Systematic Program
of Arabic Studies**

**Program of
Arabic Studies**

Chief Program Editors:

Abidullah al-Ansari Ghazi
Ph.D. History of Religion, Harvard

Tasneema Khatoon Ghazi
Ph.D. Curriculum and Reading,
University of Minnesota

Field Testing:

Sabrin Keswani
MEC School, Chicago

Khalil Tahrawi
Instructor of Arabic,
Saudi Islamic Academy,
Washington D.C.

Cover Design:

Jennifer Mazzoni
B.A. Illustration, Columbia College Chicago

Reviewers:

Assad N. Busool
Prof. of Arabic, AIC, Chicago

Khalil Tahrawi
Instructor of Arabic,
Saudi Islamic Academy,
Washington D.C.

Language Editors:

Assad N. Busool
Prof. of Arabic, AIC, Chicago

Khalil Tahrawi
Instructor of Arabic,
Saudi Islamic Academy,
Washington D.C.

Arabic Typesetting:

Randa Zaiter

IQRA' Arabic Reader Workbook
Level 2

Library of Congress Catalog Card Number: 94-73184

ISBN 1-56316-007-2

Send your comments to:
IQRA' International Educational Foundation
7450 Skokie Blvd., Skokie, IL 60077
Website: www.iqra.org

ACKNOWLEGEMENT

Fadia Abdallah , my wife who is also an educator, provided encouragement, understanding, patience and editorial insight.

Assad N. Busool , Dr. of A.I.C., thoroughly reviewed the manuscripts of both Textbook and Workbook and provided corrections, improvements and insight.

Sanaa Ezzat, did the beautiful illustrations that adorn these books.

Tasneema Ghazi , Dr. provided technical support, insight and encouragement.

Sabrin Keswani , a teacher at MEC, Chicago, field-tested the manuscripts and provided feed-back.

Jennifer Mazzoni , graphically designed the manuscripts and gave them an attractive book shape.

Khalil Tahrawi , an experienced teacher at Saudi Islamic Academy, Washington D.C., and an old friend, reviewed the manuscripts, field-tested them and provided insight and encouragement.

Randa Zaiter , worked diligently in typesetting the manuscripts.

and   *DEDICATION*

To all the above-mentioned professionals and fine human beings I dedicate this book, with its companion workbook, as a token of my appreciation...

F. I. A.

The Author's Introduction and Instructions to the Teachers

This Workbook is designed to be a companion to the Textbook, IQRA' Arabic Reader, Level Two. This Workbook must be considered as an integral part of the Textbook, without which the learning process will be incomplete. It is designed to be an exercise and activity book which complements and reinforces what the student learns from the Textbook.

However, while the exercises of the textbook are intended basically to reinforce the oral aspects of the language, those of the workbook are further devoted to writing, coloring and drawing activities. This important learning tool not only will help the student master the material learned from the Textbook, but will help him / her develop better study and comprehension skills. It will also help the student in better conceptualization of the information gained from the Textbook and will , furthermore, help him / her develop creative and critical thinking as well as inference insight.

Through field-testing and feed-back, it was found that the students greatly enjoyed working with this workbook, and have found the exercises and activities contained herein engaging, relevant and enriching.

When working with the excercises of both the textbook and workbook, it is recommended that the teacher cover first all the excercises of the textbook in the class, then moves on to cover the excercises of the workbook in the classroom setting also. However, some of the excercises in the workbook, could be assigned as homework. But it is important to redo these in the class again and have the students make their own corrections of the mistakes done in the homework.

It is important that the teacher spend with the workbook as much time as that spent in working with the textbook. Each of the textbook and workbook contains 15 lessons, the total of which makes 30 learning units to be covered in a full year within a full-time school setting.

The author of these books believes that communication between him and the teachers involved in teaching them, will be greatly beneficial for future editions of these books. Therefore, he urges all concerned teachers to keep in touch and send him their written comments, suggestions for improvement and feed-back.

Fadel Ibrahim Abdallah

Rabi'u-th-Thani 1415 / September 1994

IQRA' NOTE TO TEACHERS AND PARENTS

We are pleased to introduce this <u>Workbook</u> as a companion to the Textbook, <u>IQRA'</u> <u>Arabic Reader</u>, Level Two. This Workbook must be considered as an integral part of the Textbook, without which the learning process will be incomplete. This important learning tool will provide the students with the following learning advantages:

1. It will help the student master the material learned from the Textbook through the process of reinforcement.
2. It will help the student in developing better study and comprehension skills.
3. It will help the student in better conceptualization of the knowledge gained from the Textbook.
4. It will help the student develop creative and critical thinking skills as well as inference insight.
5. It provides extra writing drills and activities which are not included in the Textbook.

We sincerely hope that students, parents and teachers will find the exercises and activities contained herein engaging, relevant, and enriching. Through field-testing and feed-back, it was found that the learners have enjoyed and greatly benefited from the workbooks which accompany the textbooks.

We hope and pray to Allah (SWT) that every student will enjoy learning the language of the Holy Qur'an through these textbooks and workbooks which are designed with great difference to the levels and needs of our precious children.

We urge you to keep in touch and send us your written comments, suggestions and feed-back.

Chief Program Editors

Rabi'u-th-Thani 1415 / September 1994

اَلدَّرْسُ ٱلأَوَّلُ

اَلتَّدْرِيبُ ٱلأَوَّلُ : اِقْرَأُوا جَهْراً كُلَّ كَلِمَةٍ مِنَ ٱلكَلِمَاتِ دَاخِلِ ٱلشَّكْلِ، ثُمَّ ضَعُوهَا فِي مَكَانِهَا ٱلمُنَاسِبِ مِنَ ٱلجُمَلِ ٱلآتِيَةِ :

Read aloud each word in the box below, then select the right word to fill in the blanks in the sentences that follow :

كَمَال - عَلَيْكُمْ - وَسَهْلاً - ٱلحَالُ - اَلحَمْدُ لِلّٰه
مِنْ - أُخْتِي - ٱلسَّلاَمَةِ - فُرْصَةٌ - مِنْ أَيْنَ

١- كَيْفَ .... ؟   ٢- أَنَا .... أَمْرِيكَا .

٣- .... أَنْتِ يَا مَرْيَم ؟   ٤- هٰذِهِ .... لَيْلَى .

٥- أَهْلاً ....   ٦- أَنَا بِخَيْرٍ، ....

٧- .... طَيِّبَة .   ٨- مَعَ ....

٩- اَلسَّلاَمُ ....   ١٠- هٰذَا ....

اَلتَّدْرِيبُ ٱلثَّانِي : اِقْرَأُوا ٱلجُمَلَ ٱلمُرَقَّمَةَ فِي ٱلقَائِمَةِ إِلَى ٱليَمِينِ ، ثُمَّ ضَعُوا خَطًّا تَحْتَ ٱلجُمْلَةِ ٱلمُطَابِقَةِ لَهَا فِي ٱلقَائِمَةِ إِلَى ٱليَسَارِ :

Read aloud the numbered sentences on the right, then underline the corresponding sentence from the list on the left:

١- اَلسَّلاَمُ عَلَيْكُمْ .   أَنَا كَمَال . \ اَلسَّلاَمُ عَلَيْكُمْ . \
اَلحَمْدُ لِلّٰهِ .

٢- هٰذِهِ أُخْتِي لَيْلَى .　　هٰذِهِ أُخْتِي مَرْيَمُ . \ مَنْ أَنْتِ ؟ \
هٰذِهِ أُخْتِي لِيْلَى .

٣- مِنْ أَيْنَ أَنْتِ ؟　　مَنْ أَنْتِ؟ \ مِنْ أَيْنَ أَنْتِ ؟ \
مِنْ أَيْنَ أَنْتَ ؟

٤- أَهْلاً وَسَهْلاً .　　أَهْلاً وَمَرْحَبا. \ وَعَلَيْكُم ٱلسَّلاَمُ . \
أَهْلاً وَسَهْلاً .

٥- أَنَا مِنْ أَمْرِيكَا　　أَنْتَ مِنْ أَمْرِيكَا. \ أَنَا مِنْ أَمْرِيكَا . \
أَنَا مِن ٱلسُّودَان .

٦- مَعَ ٱلسَّلاَمَةِ .　　مَعَ ٱلسَّلاَمَةِ . \ فُرْصَة طَيِّبَة . \
اَلسَّلاَمُ عَلَيْكُم .

<u>اَلتَّدْرِيبُ ٱلثَّالِثُ</u> : اَلهَمْزَةُ هِيَ ٱلحَرْفُ ٱلأَوَّلُ ٱلْمُشْتَرَكُ بَيْنَ عِدَّةِ كَلِمَاتٍ وَرَدَتْ فِي هٰذَا ٱلدَّرْس . لاَحِظُوا ٱلعَلاَقَةَ بَيْنَ ٱلدَّائِرَةِ ٱلْمُنْفَرِدَةِ وَٱلدَّوَائِرِ ٱلْمُجْتَمِعَةِ ، وَكَوِّنُوا ٱلكَلِمَاتِ ٱلْمُنَاسِبَةَ ، ثُمَّ ٱكْتُبُوهَا فِي ٱلفَرَاغَاتِ إِلَى جَانِبِ ٱلدَّوَائِر :

The letter (أ) is the common first letter of several words which occured in this lesson. Observe the relationship between the large circle and the small circles to produce the full words , then write them down on the dotted spaces next to the circles :

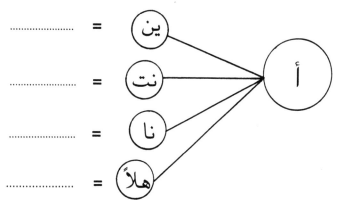

اَلتَّدْرِيبُ اَلرَّابِعُ : أَعِيدُوا تَرْتِيبَ اَلْكَلِمَاتِ لِتَكْوِينِ جُمَلٍ مُفِيدَةٍ، ثُمَّ اَكْتُبُوا اَلجُمَلَ فِي اَلفَرَاغَاتِ بَعْدَ اَلسَّهْمِ :

Rearrage the order of the words to produce meaninful sentences or structures then write them down in the spaces following the arrows :

١- مَرْيَمُ - اَلحَالُ - كَيْفَ - يَا › .... ؟

٢- أُخْتِي - هٰذِهِ - لِيْلَى › ....

٣- أَمْرِيكَا - أَنَا - مِنْ › ....

٤- أَيْنَ - مِنْ - أَنْتَ › .... ؟

اَلتَّدْرِيبُ اَلخَامِسُ : اِقْرَأُوا اَلْكَلِمَاتِ اَلتَّالِيَةِ، ثُمَّ أَضِيفُوا إِلَيْهَا " اَل اَلتَّعْرِيف " وَاَنْطُقُوهَا جَهْراً، ثُمَّ اَكْتُبُوهَا فِي اَلفَرَاغِ بَعْدَ اَلسَّهْمِ :

Read the following words, then add the definite article (أَل) to each word; pronounce the new word aloud twice, then write it down on the space after the arrow :

سَلَامٌ › .... حَالٌ › ....

سَلَامَةٌ › .... حَمْدٌ › ....

اَلتَّدْرِيبُ اَلسَّادِسُ : تَذَكَّرُوا اَلْكَلِمَةَ اَلْمُنَاسِبَةَ لِلْفَرَاغِ ، ثُمَّ اَكْتُبُوهَا فِي مَكَانِهَا اَلْمُنَاسِبِ ، ثُمَّ اَنْطِقُوا اَلعِبَارَةَ كَامِلَةً مَرَّتَيْنِ جَهْراً :

Remember the right word which suits the blank in the following structures, write it down on the space, then read aloud the full structure twice :

١- اَلسَّلَامُ .... ٢- وَعَلَيْكُمُ ....

٣- أَهْلاً .... ٤- كَيْفَ .... يَا مَرْيَمُ ؟

٥- أَنَا .... ، أَلحَمْدُ .... ٦- أُخْتِي .... أَمْرِيكَا .

QUR'ANIC EXAMPLES .... تَطْبِيقَاتٌ قُرآنِيَّةٌ

١-﴿ اَلْحَمْدُ لِلّٰهِ رَبِّ ٱلْعَـٰلَمِينَ ﴾ (الفاتحة - آية ٢)

....

٢-﴿لاَ شَرِيكَ لَهُ وَبِذَٰلِكَ أُمِرْتُ وَأَنَا أَوَّلُ ٱلْـمُسْلِمِينَ﴾ (الأنْعام - آية ١٦٣)

....

❀ ❀ ❀

The Praise .... اَلْحَمْدُ	With (to) Him ....(لَـ + ـهُ) لَهُ
Belongs to God .... لِلّٰهِ	And............ وَ
Lord (of) .... رَبِّ	With that .... (بِـ + ذَٰلِكَ) بِذَٰلِكَ
The Worlds .... اَلْعَـٰلَمِينَ	I was ordered .....(أُمِرْ+تُ) أُمِرْتُ
***	And I (am) ....(وَ + أَنَا) وَأَنَا
No, There is no .... لاَ	The first (of) .... أَوَّلُ
Partner .... شَرِيكَ	The Muslims .... ٱلْـمُسْلِمِينَ

Instructions :

1- Listen to the teacher read the above *'Ayat* aloud and repeat after him/her (3 times at least) .
2- Write the *'Ayat* on the dotted spaces underneath them .
3- Study the meanings of the listed vocabulary contained in the *'Ayat* .
4- Underline the words or phrases of the above *'Ayat* which correspond to those you studied in the text of the lesson. (page 1) .
5- Translate the *'Ayat* into English (Collective activity) .

In the Qur'an, there are 99 Attributes or Names of Allah called :

THE BEAUTIFUL NAMES OF ALLAH = أَسْمَاءُ ٱللّٰهِ ٱلْحُسْنَىٰ

These are repeated frequently in the Qur'an. In this section of each lesson, we will be introducing four of these Names at a time. The teacher should read these Names aloud in the classroom asking the students to repeat after him / her for at least three times. Then the student should learn the English meanings of these Names, trace-color the words in hollow letters, then copy each Name at least three times on the blank lines :

اَلْقُدُّوسُ	اَلْمَلِكُ	اَلرَّحِيمُ	اَلرَّحْمٰنُ
اَلْقُدُّوسُ	اَلْمَلِكُ	اَلرَّحِيمُ	اَلرَّحْمٰنُ
اَلْقُدُّوسُ	اَلْمَلِكُ	اَلرَّحِيمُ	اَلرَّحْمٰنُ

The Most Holy. * The Divine King, * The Most Merciful, * The Merciful,
The Sovereign Lord. Most Gracious . TheBeneficent .

اَلدَّرْسُ ٱلثَّانِي

اَلتَّدْرِيبُ ٱلأَوَّلُ : أَكْمِلُوا كَمَا فِي النَّمُوذَجِ بِإضَافَةِ يَاءِ ٱلْمُتَكَلِّمِ :

Following the given example, complete by adding the (ـِي) to the nouns to produce the equivalent of the English " *my* " . Then write down the resulting new structure on the dotted space :

هٰذَا أَخ . <<< هٰذَا أَخِي .

هٰذَا أَب . <<< هٰذَا .... هٰذِهِ أُخت . <<< هٰذِهِ ....

هٰذِهِ أُمّ . <<< هٰذِهِ .... هٰذِهِ أُسْرَة . <<< هٰذِهِ ....

هٰذَا بَيْت . <<< هٰذَا .... هٰذَا مُدَرِّس . <<< هٰذَا ....

هٰذَا ٱسْم . <<< هٰذَا .... هٰذِهِ لُعْبَة . <<< هٰذِهِ ....

هٰذَا كِتَاب . <<< هٰذَا .... هٰذِهِ قِطَّة . <<< هٰذِهِ ....

اَلتَّدْرِيبُ ٱلثَّانِي : أَكْمِلُوا بِإضَافَةِ ٱلتَّاءِ ٱلْمَرْبُوطَةِ (ـة \ ة) لِلْحُصُول عَلَى صِيغَةِ ٱلْمُؤَنَّثِ كَمَا فِي ٱلنَّمُوذَجِ :

Complete as in the example by adding the (ة \ ـة) to form feminine nouns and adjectives:

سَعِيدٌ <<< سَعِيدَةٌ

جَمِيلٌ <<< .... مُدَرِّسٌ <<< ....

مُمَرِّضٌ <<< .... تِلْمِيذٌ <<< ....

طِفْلٌ ››› .... طَبَّاخٌ ››› ....

فَارِغٌ ››› .... كَلْبٌ ››› ....

كَبِيرٌ ››› .... صَغِيرٌ ››› ....

اَلتَّدْرِيبُ ٱلثَّالِثُ : اِقْرَأُوا جَهْرًا ثُمَّ لَوِّنُوا ضَمِيرَ ٱلْمُتَكَلِّمِ ٱلْمُتَّصِلَ بِٱللَّوْنِ ٱلأَحْمَرِ:

Read the following sentences aloud, then color with red the suffix pronoun that is equal to " *my* " in English :

١- هِيَ أُخْتِي .　　٢- هٰذَا بَيْتِي .

٣- هٰذَا أَبِي .　　٤- هٰذِهِ أُسْرَتِي .

٥- هٰذِهِ أُمِّي .　　٦- إِسْمِي لَيْلَى .

٧- هُوَ أَخِي .　　٨- هٰذَا صَفِّي .

اَلتَّدْرِيبُ ٱلرَّابِعُ : اِقْرَأُوا ٱلجُمْلَتَيْنِ ٱلْمُتَقَابِلَتَيْنِ، ثُمَّ لَوِّنُوا بِٱللَّوْنِ ٱلأَخْضَرِ أَلِفَ ٱلضَّمِيرِ وَأَلِفَ ٱلفِعْلِ ، وَلَوِّنُوا بِٱللَّوْنِ ٱلأَزْرَقِ نُونَ ٱلضَّمِيرِ وَنُونَ ٱلفِعْلِ فِي ٱلجُمْلَةِ ٱلْمُقَابِلَةِ :

Read the following pair of sentences-horizantally from right to left, then color with green both (أ) of the pronoun and the corresponding verb ; and color with blue both (نـ) of the pronoun and the corresponding verb :

أَنَا أَعِيشُ › نَحْنُ نَعِيشُ .　　أَنَا أُحِبُّ › نَحْنُ نُحِبُّ .

أَنَا أَطْبُخُ › نَحْنُ نَطْبُخُ .　　أَنَا أَعْمَلُ › نَحْنُ نَعْمَلُ .

تَطْبِيقَاتٌ قُرآنِيَّةٌ .... QUR'ANIC EXAMPLES

١- ﴿ قُلْ هُوَ ٱللَّهُ أَحَدٌ ﴾ (سورة الأِخْلاَصِ – آيَة ١)

....

٢- ﴿ سَبِّحِ ٱسْمَ رَبِّكَ ٱلأَعْلَىٰ ﴾ (سُورة ٱلأَعْلَى – آية ١)

....

❋ ❋ ❋

Glorify (command verb) .... سَبِّحِ		Say (command verb) .... قُلْ
(The) Name (of) .... ٱسْمَ		He .... هُوَ
Your Lord .... رَبِّكَ		Allah = God .... ٱللَّهُ
The Most High .... ٱلأَعْلَىٰ		The One, The Only .... أَحَدٌ

❋ ❋ ❋

Please follow the same instructions given in Lesson One , page 4 .

﹡ اِقْرَأُوا ٱلكَلِمَتَيْنِ ٱلتَّالِيَتَيْنِ (ٱلْمُفْرَدَ وَٱلْجَمْعَ) قِرَاءَةً جَهْرِيَّةً عِدَّةَ مَرَّاتٍ ، ثُمَّ
ٱكْتُبُوهَا فِي ٱلفَرَاغَاتِ تَحْتَهَا :

Read aloud several times the following pair of nouns, which represent the
singular and its plural, then copy them in writing on the dotted pace:

آيَةٌ   –   آيَاتٌ

....   —   ....

٨

Please follow the the instructions given in Lesson One, page 5.

اَلسَّلَامُ اَلْمُؤْمِنُ اَلْمُهَيْمِنُ اَلْعَزِيزُ

اَلسَّلَامُ اَلْمُؤْمِنُ اَلْمُهَيْمِنُ اَلْعَزِيزُ

اَلسَّلَامُ اَلْمُؤْمِنُ اَلْمُهَيْمِنُ اَلْعَزِيزُ

The Mighty,	*	The Protector,	*	The Faithful,	*	(The) Peace,
The August,		The Master,		The Truthful.		The Source of Peace,
The Strong.		The Guardian.				The Owner of Peace.

اَلدَّرْسُ اَلثَّالِثُ

اَلتَّدْرِيبُ اَلأَوَّلُ : اِقْرَأُوا وَأَكْمِلُوا اَلجُمَلَ اَلتَّالِيَةَ بِكِتَابَةِ اَلكَلِمَاتِ اَلمُنَاسِبَةِ فِي اَلفَرَاغَاتِ كَمَا فِي اَلنَّمُوذَجِ :

Read and complete the following sentences by filling in the blanks as in the given example:

هٰذَا بَيْتٌ كَبِيرٌ . <<< هٰذِهِ مَدْرَسَةٌ كَبِيرَةٌ .

هٰذِهِ بِرْكَةٌ جَمِيلَةٌ . <<< .... مَلْعَبٌ ....

هٰذَا مُرَبَّعٌ صَغِيرٌ . <<< .... دَائِرَةٌ ....

هٰذِهِ بِنْتٌ طَيِّبَةٌ . <<< .... وَلَدٌ ....

هٰذَا مَلْعَبٌ وَاسِعٌ . <<< .... حَدِيقَةٌ ....

هٰذِهِ كَأْسٌ فَارِغَةٌ . <<< .... مِحْفَظَةٌ ....

هٰذِهِ قِطَّةٌ بَيْضَاءُ . <<< .... كَلْبٌ ....

هٰذَا قَلَمٌ أَحْمَرُ . <<< .... وَرَقَةٌ ....

هٰذِهِ تُفَّاحَةٌ صَفْرَاءُ . <<< .... مَوْزٌ ....

هٰذَا حِصَانٌ أَسْوَدُ . <<< .... بَقَرَةٌ ....

هٰذَا عَلَمٌ أَخْضَرُ . <<< .... سَيَّارَةٌ ....

اَلتَّدْرِيبُ اَلثَّانِي : أَكْمِلُوا اَلجُمَلَ اَلتَّالِيَةَ كَمَا فِي اَلنَّمُوذَجِ وَلَاحِظُوا اَلاخْتِلَافَ فِي اَلتَّرْكِيبِ وَالمَعْنَى بَعْدَ إِضَافَةِ " أَل التَّعْرِيفِ " إِلَى اَلاسْمِ :

Complete the following sentences as in the given example by adding the
definite article (اَلْ) to the noun, then notice the difference in structure and
meaning :

هٰذِهِ مَدْرَسَةٌ كَبِيرَةٌ . >>> هٰذِهِ ٱلْمَدْرَسَةُ كَبِيرَةٌ .	
This school is large .	This is a large school.

هٰذَا مَلْعَبٌ كَبِيرٌ . >>> --

هٰذِهِ بِرْكَةٌ كَبِيرَةٌ . >>> --

هٰذَا مُرَبَّعٌ صَغِيرٌ . >>> --

هٰذِهِ دَائِرَةٌ صَغِيرَةٌ . >>> --

هٰذَا بَيْتٌ جَمِيلٌ . >>> --

هٰذِهِ فَرَاشَةٌ جَمِيلَةٌ . >>> --

هٰذَا مَلْعَبٌ وَاسِعٌ . >>> --

هٰذِهِ بِرْكَةٌ وَاسِعَةٌ . >>> --

هٰذَا وَلَدٌ طَيِّبٌ . >>> --

هٰذِهِ بِنْتٌ طَيِّبَةٌ . >>> --

اَلتَّدْرِيبُ ٱلثَّالِثُ : أَعِيدُوا تَرْتِيبَ ٱلْكَلِمَاتِ لِتَكْوِينِ جُمَلٍ مُفِيدَةٍ ، ثُمَّ ٱكْتُبُوا ٱلجُمَلَ فِي
ٱلفَرَاغَاتِ بَعْدَ ٱلسَّهْمِ :

Rearrange the order of the words to produce meaningful sentences or
structures, then write them down on the spaces following the arrows :

١- كَبِيرَةٌ - مَدْرَسَةٌ - هٰذِهِ ‹ --

٢- لِلسِّبَاحَةِ - بِرْكَةٌ - فِيهَا ‹ --

٣- واسِعَةٌ - لَهَا - حَدِيقَةٌ ‹ -----------------------------------

٤- ٱسْمُ - مَا - ٱلْمَدْرَسَةِ - هَذِهِ ‹ ------------------------------؟

٥- تَدْرُسِينَ - هَلْ - هٰذِهِ - ٱلْمَدْرَسَةَ - فِي ‹ -------------------

------------------------؟

٦- أَدْرُسُ - نَعَمْ - ٱلأَنْجِلِيزِيَّةَ - ٱللُّغَةَ ‹ ------------------------------

٧- ٱللِّقَاء - إِلَى - عَادِلُ - يَا‹ -----------------------------------

٨- ٱلعَرَبِيَّةَ - ٱللُّغَةَ - هِيَ - تَدْرُسُ ‹ ------------------------------

٩- هُنَا - أَيْضًا - يَدْرُسُ - أَخِي‹ ------------------------------------

١٠- كَبِيرٌ - مَلْعَبٌ - فِيهَا ‹ -----------------------------------

اَلتَّدْرِيبُ ٱلرَّابِعُ : اِمْلَأُوا ٱلفَرَاغَاتِ بِكِتَابَةِ ٱلصُّورَةِ ٱلصَّحِيحَةِ لِلْفِعْلِ بَيْنَ ٱلقَوْسَيْنِ :

Fill in the blanks by writing the correct form of the verb given in parenthesis.
(This is an excercise on verb conjugation):

١- أَنَا .... ٱللُّغَةَ ٱلعَرَبِيَّةَ . (يَدْرُسُ)

٢- هِيَ .... ٱللُّغَةَ ٱلفَرَنْسِيَّةَ . (يَدْرُسُ)

٣- أَنْتَ .... ٱللُّغَةَ ٱلأَنْجِلِيزِيَّةَ . (يَدْرُسُ)

٤- هُوَ .... ٱلدَّرْسَ ٱلأَوَّلَ . (يَدْرُسُ)

٥- أَنْتِ .... ٱلدَّرْسَ ٱلثَّانِي . (يَدْرُسُ)

٦- سُعَادُ .... مَدْرَسَتِي . (يَزُورُ)

٧- عَادِل .... مَدْرَسَةَ ٱللُّغَاتِ ٱلعَالَمِيَّةِ . (يَزُورُ)

٨- أَنَا .... أُخْتِي صَبَاحَ . (يَزُورُ)

اَلتَّدْرِيبُ اَلْخَامِسُ : بِمُلَاحَظَةِ اَلْعَلَاقَةِ بَيْنَ اَلْكَلِمَاتِ وَالْأَحْرُفِ وَالدَّوَائِرِ وَالْأَسْهُمِ يُمْكِنُ

لِلتَّلَامِيذِ اَلتَّدَرُّبُ عَلَى صِيَاغَةِ خَمْسِ صُوَرٍ لِتَصْرِيفِ اَلْفِعْلِ . ثُمَّ يُطْلَبُ مِنْهُمْ أَنْ

يَكْتُبُوهَا فِي مَكَانِهَا اَلْمُنَاسِبِ مِنَ اَلْخُطُوطِ اَلْمُنَقَّطَةِ :

Observing the relationship between the words, letters, arrows and circles will
help the students to develop a conceptual mechanism to learn <u>five forms for</u>
<u>verb conjugation.</u> Let them practice producing the five conjugations of the
two given verbs, and have them write them down on the dotted lines
according to the order of the pronouns listing from top to bottom.

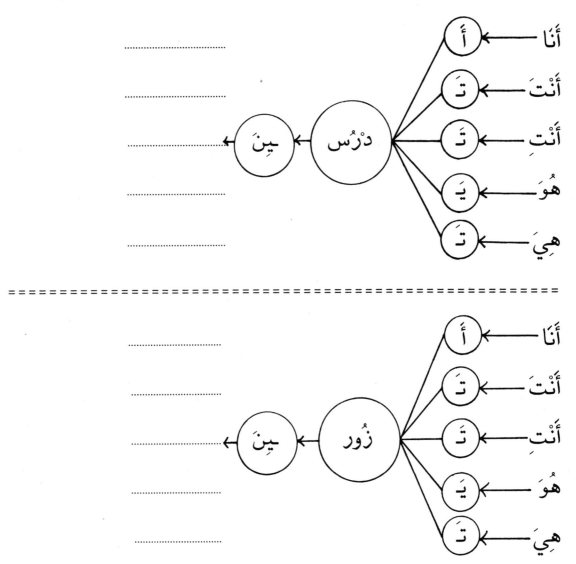

QUR'ANIC EXAMPLES .... تَطْبِيقَاتٌ قُرْآنِيَّةٌ

١- ﴿ فَهَلْ وَجَدتُّم مَّا وَعَدَ رَبُّكُمْ حَقًّا قَالُوا نَعَمْ ﴾ (ٱلأَعْرَاف - ٤٤)

....

٢- ﴿ لِلَّذِينَ أَحْسَنُوا فِي هَٰذِهِ ٱلدُّنْيَا حَسَنَةٌ وَأَرْضُ ٱللَّهِ وَاسِعَةٌ ﴾

(ٱلزُّمَر - ١٠)

....

❀ ❀ ❀

Then, have .... (فَ + هَلْ) فَهَلْ	For those who ..... (لِ+ ٱلَّذِينَ) لِلَّذِينَ
You found....... (وَجَدْ + تُمْ) وَجَدتُّمْ	Did good.... (أَحْسَنَ + ـوا) أَحْسَنُوا
That which .... مَا	This... هَٰذِهِ
He promised .... وَعَدَ	The World, This World........ ٱلدُّنْيَا
Your Lord.......... (رَبُّ +كُمْ.) رَبُّكُمْ	Good reward........................... حَسَنَةٌ
True... حَقًّا	And the Earth (of)............ وَأَرْضُ
They said .... (قَالَ + ـوا) قَالُوا	Allah = God............................. ٱللَّهِ
Yes .... نَعَمْ	Large, spacious................ وَاسِعَةٌ

✱ ✱ ✱

Please follow the same instructions given in Lesson One, page 4 .

Please follow the same instructions given in Lesson One, page 5 .

الْجَبَّارُ   الْمُتَكَبِّرُ   الْخَالِقُ   الْبَارِئُ

الْجَبَّارُ   الْمُتَكَبِّرُ   الْخَالِقُ   الْبَارِئُ

الْجَبَّارُ   الْمُتَكَبِّرُ   الْخَالِقُ   الْبَارِئُ

The Producer, * The Creator, * The Majestic, * The Compeller.
The Maker.   The Haughty.

اَلدَّرْسُ ٱلرَّابِعُ

اَلتَّدْرِيبُ ٱلأَوَّلُ : أَعِيدُوا تَرْتِيبَ ٱلكَلِمَاتِ ٱلتَّالِيَةَ لِتَكْوِينِ جُمَلٍ مُفِيدَةٍ، ثُمَّ ٱكْتُبُوا ٱلجُمَلَ فِي ٱلفَرَاغَاتِ بَعْدَ ٱلسَّهْمِ :

Rearrange the order of the words then write them down on the spaces :

١- صَدِيقَةٌ - لِي - سُعَادُ - ٱسْمُهَا › ....

....

٢- سُعَادُ - مَعَ - تَعِيشُ - أُسْرَتِهَا › ....

....

٣- لَطِيفَةٌ - بِنْتٌ - سُعَادُ › ....

٤- أَيْضًا - صَدِيقَتِي - سَلْوَىٰ - أُخْتُهَا › ....

....

٥- نَفْسِ - فِي - ٱلْمَدْرَسَةِ - نَدْرُسُ › ....

....

٦- مَدْرَسَتِنَا - نَذْهَبُ - إِلَى - ٱلصَّبَاحِ - فِي › ....

....

٧- ٱلْمَسَاءِ - فِي - نَعُودُ - مِنْهَا › ....

....

٨- ٱلْمَدْرَسَةِ - بَعْدَ - نَلْعَبُ - مَعًا › ....

....

اَلتَّدْرِيبُ ٱلثَّانِي : اِمْلأُوا ٱلْفَرَاغَاتِ بِكِتَابَةِ ٱلصُّورَةِ ٱلصَّحِيحَةِ لِلْفِعْلِ ٱلْمَكْتُوبِ بَيْنَ قَوْسَيْنِ :

Fill in the blanks by writing down the correct form of the verb given in parenthesis. (This is an excercise on verb conjugation):

١- أَنَا وَسُعَادُ وَسَلْوَى .... فِي نَفْسِ ٱلْمَدْرَسَةِ . (يَدْرُسُ)

٢- .... سُعَادُ مَعَ أُسْرَتِهَا . (يَعِيشُ)

٣- نَحْنُ .... مَعاً إِلَى مَدْرَسَتِنَا فِي ٱلصَّبَاحِ . (يَذْهَبُ)

٤- أَنَا .... مِنْ مَدْرَسَتِي فِي ٱلْمَسَاءِ . (يَعُودُ)

٥- أَنَا وَسُعَادُ .... مَعاً بَعْدَ ٱلْمَدْرَسَةِ . (يَلْعَبُ)

٦- أُخْتِي .... دُرُوسَهَا فِي ٱلْمَسَاءِ . (يُذَاكِرُ)

٧- أَنَا .... دُرُوسِي قَبْلَ طَعَامِ ٱلْعَشَاءِ . (يُذَاكِرُ)

٨- هَلْ .... أَنْتَ إِلَى ٱلْمَدْرَسَةِ فِي ٱلصَّبَاحِ ؟ (يَذْهَبُ)

٩- هَلْ .... أَنْتِ مَعَ أُسْرَتِكِ ؟ (يَعِيشُ)

١٠- هِيَ .... فِي نَفْسِ ٱلْمَدْرَسَةِ . (يَدْرُسُ)

١١- هُوَ .... مِنَ ٱلْمَدْرَسَةِ فِي ٱلْمَسَاءِ . (يَعُودُ)

اَلتَّدْرِيبُ ٱلثَّالِثُ : أَعِيدُوا صِيَاغَةَ ٱلْجُمَلِ ٱلتَّالِيَةِ بِٱسْتِبْدَالِ ٱلْكَلِمَتَيْنِ ٱللَّتَيْنِ تَحْتَهُمَا خَطٌّ بِكَلِمَةٍ وَاحِدَةٍ تَحْتَوِي عَلَى ضَمِيرِ ٱلْمُتَكَلِّمِ ، كَمَا فِي ٱلنَّمُوذَجِ :

Restructure the following sentences, as in the examples, by replacing the two underlined words with one word which contains the first person singular suffix pronoun :

لِي صَدِيقَةٌ ٱسْمُهَا سُعَادُ . < صَدِيقَتِي ٱسْمُهَا سُعَادُ .

لِي أُسْرَةٌ كَبِيرَةٌ . ‹ ....

لِي جَارَةٌ ٱسْمُهَا سَلْوَىٰ . ‹ ....

لِي بَيْتٌ كَبِيرٌ . ‹ ....

لِي لُعْبَةٌ جَمِيلَةٌ . ‹ ....

لِي حِصَانٌ لَوْنُهُ أَبْيَضُ . ‹ ....

لِي قِطَّةٌ ٱسْمُهَا سَمِيرَةُ . ‹ ....

لِي سَيَّارَةٌ حَمْرَاءُ . ‹ ....

لِي صَدِيقٌ لَطِيفٌ . ‹ ....

لِي أَخٌ يَدْرُسُ هُنَا. ‹ ....

لِي أُخْتٌ تَدْرُسُ فِي نَفْسِ ٱلْمَدْرَسَةِ . ‹ ....

اَلتَّدْرِيبُ ٱلرَّابِعُ : اِقْرَأُوا ٱلْمَقَاطِعَ فِي ٱلْقَائِمَةِ رَقْم (١) ثُمَّ ٱرْسُمُوا خَطًّا يَصِلُ بَيْنَهَا وَبَيْنَ مَا يُمَاثِلُهَا مِنْ كَلِمَاتِ ٱلْقَائِمَةِ رَقْم (٢) :

Read the syllables in the column to the right, then drow a line connecting each syllable to the word which contains it in the left column :

قَائِمَة (٢)	قَائِمَة (١)	قَائِمَة (٢)	قَائِمَة (١)
بِخَيْر	تُهَا	دُرُوسَنَا	تِي
اَلْمَسَاءُ	ـهُ	مِنْهَا	ـكِ
أُسْرَتُهَا	بِـ	جَارَتِي	ـنَا
اِسْمُهُ	اَلـ	أُخْتُكِ	ـهَا

اَلتَّدْرِيبُ ٱلخَامِسُ : أَعِيدُوا قِرَاءَةَ نَصِّ ٱلدَّرْسِ ٱلرَّابِعِ (صَفْحَة ٢٢ مِنْ كِتَابِ ٱلقِرَاءَةِ)

ثُمَّ ٱمْلأُوا ٱلفَرَاغَاتِ فِي ٱلجُمَلِ ٱلمُرَقَّمَةِ إلىٰ ٱليَمِينِ بِمَا يُنَاسِبُهَا مِنَ ٱلكَلِمَاتِ ٱلمَكْتُوبَةِ بَيْنَ قَوْسَيْنِ بَعْدَهَا:

Reread the text of the lesson (on page 22 of the Textbook), then fill in the blanks in the following sentences with the suitable word from the words given in parenthesis :

١- لِي صَدِيقَةٌ .... سُعَادُ . (ٱسْمُهُ \ ٱسْمِي \ ٱسْمُهَا)

٢- تَعِيشُ سُعَادُ .... أُسْرَتِهَا . (عَلَىٰ \ مَعَ \ إِلَىٰ)

٣- تَعِيشُ سُعَادُ فِي بَيْتٍ .... بَيْتِنَا . (قُرْبَ \ أَمَامَ \ خَلْفَ)

٤- أَنَا وَسَلْوَى نَدْرُسُ فِي .... ٱلمَدْرَسَةِ . (مَعَ \ نَفْس \ فَوْقَ)

٥- نَذْهَبُ .... إِلَى مَدْرَسَتِنَا فِي ٱلصَّبَاحِ . (هُنَاكَ \ مِنْ \ مَعاً)

٦- نَعُودُ .... فِي ٱلمَسَاءِ . (مِنْهَا \ مِنْ \ هُنَا)

٧- أَنَا وَسُعَادُ نَلْعَبُ مَعاً .... ٱلمَدْرَسَةِ . (هُنَاكَ \ بَعْدَ \ إِلَى)

٨- نُذَاكِرُ دُرُوسَنَا فِي ٱلمَسَاءِ .... ٱلعِشَاء . (بَعْدَ \ قَبْلَ \ عَلَىٰ)

٩- تَعِيشُ سُعَادُ فِي بَيْتٍ .... قُرْبَ بَيْتِنَا. (كَبِير \ كَبِيرَةٍ)

١٠- سُعَادُ بِنْتٌ .... (كَبِيرَةٌ \ صَغِيرَةٌ \ لَطِيفَةٌ)

اَلتَّدْرِيبُ ٱلسَّادِسُ (مُرَاجَعَةٌ) : اِقْرَأُوا ٱلكَلِمَاتِ ٱلتَّالِيَةَ ، ثُمَّ ضَعُوا دَائِرَةً حَوْلَ ٱلحَرْفِ ٱلَّذِي عَلَيْهِ " شَدَّة "، وَٱذْكُرُوا ٱسْمَ ٱلحَرْفِ كَمَا فِي ٱلمِثَالِ :

Read the following words aloud, then circle the letter that has a " *Shaddah*" (doubled letter), then mention the name of that letter as in the example:

مُعَلِّمٌ - (لام)

بَطّة - (   )   سَبُّورَة - (   )

تُفَّاح - (   )   نَظَّارَة - (   )

مُثَلَّث - (   )   يَشُمُّ - (   )

سَيَّارَة - (   )   مُحَمَّد - (   )

قِطَّة - (   )   مُدَرِّس- (   )

شُبَّاك - (   )   مُمَرِّضَة - (   )

طَبَّاخ - (   )   أُمِّي - (   )

مُرَبَّع - (   )   تُحِبُّ - (   )

مُكَيِّف -١٠(   )   تُرَتِّبُ - (   )

اَلتَّدْرِيبُ اَلسَّابِعُ : (مُرَاجَعَةٌ) اِقْرَأُوا الجُمَلَ اَلتَّالِيَةَ جَهْراً وَاْنْتَبِهُوا بِصِفَةٍ خَاصَّةٍ إِلَى تَرْكِيبِ اَلصِّفَةِ وَاْلمَوْصُوفِ اَلَّذِي تَحْتَهُ خَطٌّ :

(Review) Read the following sentences aloud, paying special attention to the underlined noun-adjective phrase . Note the aspects of correspondence between noun and adjective :

١- تَعِيشُ سُعَادُ مَعَ أُسْرَتِهَا فِي بَيْتٍ كَبِيرٍ .

٢- سُعَادُ بِنْتٌ لَطِيفَةٌ .

٣- هٰذِهِ مَدْرَسَةٌ كَبِيرَةٌ .

٤- عَادِلُ تِلْمِيذٌ لَطِيفٌ .

٥- هٰذَا بَيْتٌ جَمِيلٌ .

QUR'ANIC EXAMPLES ....تَطْبِيقَاتٌ قُرْآنِيَّةٌ

١- ﴿ فَلْيَعْبُدُوا رَبَّ هَٰذَا ٱلْبَيْتِ ﴾ (قُرَيش - ٣)

....

٢- ﴿ وَقَالُوا مَالِ هَٰذَا ٱلرَّسُولِ يَأْكُلُ ٱلطَّعَامَ وَيَمْشِي فِي ٱلْأَسْوَاقِ ﴾

(ٱلفُرْقَان-٧)

....

❀ ❀ ❀

So, Let them worship .. فَلْيَعْبُدُوا

Lord (of) ....رَبَّ

This ....هَٰذَا

House ....ٱلْبَيْتِ

* * *

And they said .... وقَالُوا

What sort of . (لِ + ما) مَالِ

This ....هَٰذَا

(The) Messenger ....ٱلرَّسُولِ

He eats ....يَأْكُلُ

(The) Food ....ٱلطَّعَامَ

And walks ....وَيَمْشِي

In, through ....فِي

The markets .... ٱلْأَسْوَاقِ

Please follow the same instructions given in Lesson One, page 4 .

Please follow the same instructions given in Lesson One, page 5.

اَلْمُصَوِّرُ اَلْغَفَّارُ اَلْقَهَّارُ اَلْوَهَّابُ
اَلْمُصَوِّرُ اَلْغَفَّارُ اَلْقَهَّارُ اَلْوَهَّابُ
اَلْمُصَوِّرُ اَلْغَفَّارُ اَلْقَهَّارُ اَلْوَهَّابُ

The Bestower, The Granter. * The Subduer, The Almighty. * The Forgiver. * The Designer, The Fashioner .

اَلدَّرْسُ اَلْخَامِسُ

اَلتَّدْرِيبُ اَلْأَوَّلُ : أَعِيدُوا تَرْتِيبَ اَلْكَلِمَاتِ اَلتَّالِيَةِ لِتَكْوِينِ جُمَلٍ مُفِيدَةٍ ، ثُمَّ اكْتُبُوا اَلْجُمَلَ فِي اَلْفَرَاغَاتِ بَعْدَ اَلسَّهْمِ :

Rearrange the order of the following words to produce meaningful sentences then write them down in the space following the arrow :

١- نَشِيطٌ - تِلْمِيذٌ - مُحَمَّدٌ ‹ ....

....

٢- مُبَكِّراً - نَوْمِهِ - مِنْ - يَصْحُو ‹ ....

....

٣- غُرْفَتِهِ - شُبَّاكَ - يَفْتَحُ ‹ ....

٤- ذٰلِكَ - بَعْدَ - بِالْمَاءِ - يَغْتَسِلُ ‹ ....

....

٥- بِالْفُرْشَاةِ - أَسْنَانَهُ - يُنَظِّفُ ‹ ....

٦- صَلاَةَ - وَيُصَلِّي - يَتَوَضَّأُ - اَلْفَجْرِ ‹ ....

....

٧- فُطُورَهُ - يَتَنَاوَلُ - اَلصَّلاَةِ - بَعْدَ ‹ ....

....

٨- أُسْرَتِهِ - فُطُورَهُ - يَتَنَاوَلُ - مَعَ ‹ ....

....

٩- فِي - كُتُبَهُ - يَضَعُ - حَقِيبَتِهِ ‹ ....

....

اَلتَّدْرِيبُ اَلثَّانِي : اِسْتَبْدِلُوا " أل " اَلتَّعْرِيفِ فِي اَلْكَلِمَاتِ اَلَّتِي تَحْتَهَا خَطٌّ بِالضَّمِيرِ

اَلْمُتَّصِلِ (ﻪ \ ﻪ) ثُمَّ اَكْتُبُوا اَلْكَلِمَةَ اَلْجَدِيدَةَ فِي اَلْفَرَاغِ كَمَا فِي اَلنَّمُوذَجِ :

Replace the definite article (أَل) in the underlined words with the third person masculine suffix pronoun (ﻪ \ ﻪ), then write the new words on the spaces as shown in the example:

مُحَمَّدٌ يَصْحُو مِنَ اَلنَّوْمِ مُبَكِّراً . >مُحَمَّدٌ يَصْحُو مِنْ نَوْمِهِ مُبَكِّراً .

١- يَفْتَحُ مُحَمَّدٌ شُبَّاكَ اَلْغُرْفَةِ . > يَفْتَحُ مُحَمَّدٌ شُبَّاكَ ....

٢- يُرَتِّبُ مُحَمَّدٌ اَلْفِرَاشَ . >يُرَتِّبُ مُحَمَّدٌ ....

٣- يُنَظِّفُ مُحَمَّدٌ اَلْأَسْنَانَ . > يُنَظِّفُ مُحَمَّدٌ ....

٤- يَتَنَاوَلُ مُحَمَّدٌ اَلْفُطُورَ . > يَتَنَاوَلُ مُحَمَّدٌ ....

٥- يَضَعُ مُحَمَّدٌ اَلْكُتُبَ فِي اَلْحَقِيبَةِ . > يَضَعُ مُحَمَّد .... فِي

....

٦- يُسَلِّمُ مُحَمَّدٌ عَلَى اَلْأُمِّ وَاَلْأَبِ . > يُسَلِّمُ مُحَمَّدٌ عَلَى ....

و ....

٧- يَتَنَاوَلُ مُحَمَّدٌ فُطُورَهُ مَعَ اَلْأُسْرَةِ . > يَتَنَاوَلُ مُحَمَّدٌ فُطُورَهُ مَعَ

....

٨- يَذْهَبُ مُحَمَّدٌ إِلَى اَلْمَدْرَسَةِ . > يَذْهَبُ مُحَمَّد إِلَى ....

٩- يَزُورُ مُحَمَّدٌ اَلْجَارَةَ . > يَزُورُ مُحَمَّدٌ ....

١٠- يَفْتَحُ مُحَمَّدٌ اَلشُّبَّاكَ . > يَفْتَحُ مُحَمَّدٌ ....

اَلتَّدْرِيبُ ٱلثَّالِثُ : اِقْرَأُوا ٱلْكَلِمَاتِ ٱلتَّالِيَةَ، ثُمَّ أَضِيفُوا إِلَيْهَا " أل ٱلتَّعْرِيفِ "، وَٱنطُقُوهَا جَهْراً، ثُمَّ ٱكْتُبُوهَا فِي ٱلْفَرَاغِ بَعْدَ ٱلسَّهْمِ :

Read the following words, then add the definite article (أَل) to each; pronounce the new words aloud twice, then write them down on the dotted spaces after the arrows :

دَرْسٌ <	فُرْشَاةٌ < ....
تِلْمِيذٌ <	مَعْجُونٌ < ....
نَشِيطٌ <	صَلاَةٌ < ....
نَوْمٌ <	فَجْرٌ < ....
صَبَاحٌ <	فُطُورٌ < ....
شُبَّاكٌ <	أُسْرَةٌ < ....
غُرْفَةٌ <	كُتُبٌ < ....
فِرَاشٌ <	حَقِيبَةٌ < ....
مَاءٌ <	مَدْرَسَةٌ < ....
صَابُونٌ <	أُمٌّ < ....
أَسْنَانٌ <	أَبٌ < ....
طَعَامٌ <	أُسْتَاذٌ < ....
نَشِيدٌ	صَدِيقَةٌ < ....
نَشِيدٌ	بَيْتٌ < ....
جَارَةٌ <	حَدِيقَةٌ < ....

اَلتَّدْرِيبُ ٱلرَّابِعُ : اِقْرَأُوا نَصَّ ٱلدَّرْسِ بَعْدَ ٱسْتِبْدَالِ ٱلْعُنْوَانِ ٱلأَصْلِي بِعُنْوَانِ :

" اَلتِّلْمِيذَةُ ٱلنَّشِيطَةُ "، وَٱسْتَبْدِلُوا كَذٰلِكَ ٱسْمَ " مُحَمَّد " ٱلْمُذَكَّرَ بِٱلاِسْمِ ٱلْمُؤَنَّثِ

" سُعَاد "، وَرَاعُوا كُلَّ ٱلتَّغْيِيرَاتِ ٱلأُخْرَىٰ ٱللاَّزِمَةِ . ثُمَّ ٱكْتُبُوا ٱلنَّصَّ فِي ٱلفَرَاغَاتِ

فِي صُورَتِهِ ٱلجَدِيدَةِ كَمَا فِي ٱلنَّمُوذَجِ :

Read the text of the lesson, changing the title to correspond to a feminine student ; also replace the masculine subject (مُحَمَّدٌ) with the feminine subject, (سُعَادُ) . Then write down the whole text, taking into account all other necessary changes, as in the example:

اَلتِّلْمِيذَةُ ٱلنَّشِيطَةُ

سُعَادُ تِلْمِيذَةٌ نَشِيطَةٌ . تَصْحُو مِنْ نَوْمِهَا مُبَكِّراً فِي ٱلصَّبَاحِ ، ....

....

....

....

....

....

....

....

....

اَلتَّدْرِيبُ ٱلْخَامِسُ : (مُرَاجَعَةٌ) أَنْظُرُوا ٱلتَّعْلِيمَاتِ كَمَا فِي ٱلتَّدْرِيبِ ٱلثَّالِثِ مِنَ ٱلدَّرْسِ ٱلثَّالِثِ فِي كُرَّاسَةِ ٱلتَّدْرِيبَاتِ (صَفْحَة ١١-١٢) :

This is a review exercise dealing with the five singular forms of the verb conjugation . See for instructions Exercise Three of Lesson Three in the Work Book (pages 11-12) :

++

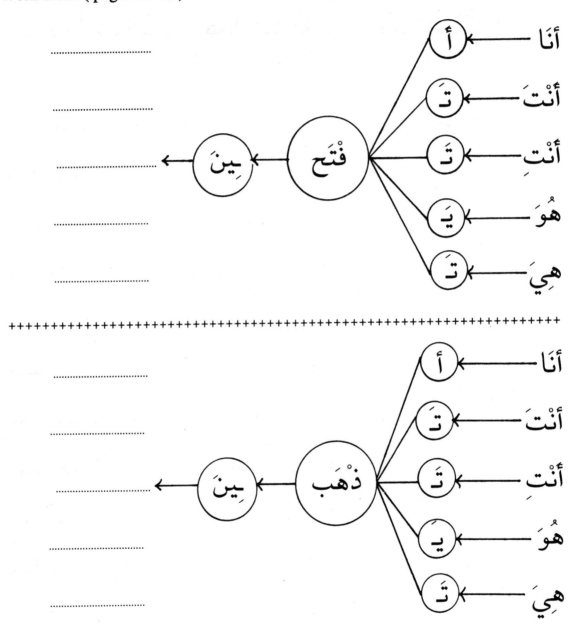

اَلتَّدْرِيبُ ٱلسَّادِسُ : (مُرَاجَعَةٌ) تَدَرَّبُوا عَلَىٰ إِلْحَاقِ ٱلضَّمِيرَيْنِ ٱلْمُتَّصِلَيْنِ لِلْمُذَكَّرِ ٱلْمُفْرَدِ ٱلْغَائِبِ وَٱلْمُؤَنَّثِ ٱلْمُفْرَدِ ٱلْغَائِبِ بِٱلأَسْمَاءِ ٱلتَّالِيَةِ كَمَا فِي ٱلنَّمُوذَجِ :

This is a review excercise to practice connecting the third person singular pronouns, both masculine and feminine, to the nouns as in the example:

هٰذَا شُبَّاكٌ . ‹ هٰذَا شُبَّاكُهُ . ‹ هٰذَا شُبَّاكُهَا .

هٰذِهِ غُرْفَةٌ . ‹ ------------------- . ‹ ------------------- .

هٰذَا فِرَاشٌ . ‹ ------------------- . ‹ ------------------- .

هٰذِهِ فُرْشَاةٌ . ‹ ------------------- . ‹ ------------------- .

هٰذَا فُطُورٌ . ‹ ------------------- . ‹ ------------------- .

هٰذِهِ أُسْرَةٌ . ‹ ------------------- . ‹ ------------------- .

هٰذِهِ كُتُبٌ . ‹ ------------------- . ‹ ------------------- .

هٰذِهِ حَقِيبَةٌ . ‹ ------------------- . ‹ ------------------- .

هٰذِهِ مَدْرَسَةٌ . ‹ ------------------- . ‹ ------------------- .

هٰذِهِ أُمٌّ . ‹ ------------------- . ‹ ------------------- .

هٰذَا كِتَابٌ . ‹ ------------------- . ‹ ------------------- .

QUR'ANIC EXAMPLES .... تَطْبِيقَاتٌ قُرآنِيَّةٌ

١-﴿ أَقِمِ ٱلصَّلَوٰةَ لِدُلُوكِ ٱلشَّمْسِ إِلَىٰ غَسَقِ ٱلَّيْلِ وَقُرْآنَ ٱلفَجْرِ ﴾

(ٱلأَسْرَاء – ٧٨)

....

٢- ﴿ وَجَعَلْنَا مِنَ ٱلْمَاءِ كُلَّ شَىْءٍ حَىٍّ ﴾ (ٱلأَنْبِيَاء – ٣٠)

....

❊ ❊ ❊

The dawn..................	ٱلفَجْرِ	Establish (Command verb).....	أَقِمِ
		The Prayer......................	ٱلصَّلَوٰةَ
❊ ❊ ❊			
And We have made..............	وَجَعَلْنَا	At decline (time of)..........	لِدُلُوكِ
From...........................	مِنَ	The Sun.........................	ٱلشَّمْسِ
The Water..................	ٱلـمَاءِ	Till, to time of................	إِلَىٰ
Every.......................	كُلَّ	Darkness (of)...................	غَسَقِ
Thing.......................	شَىْءٍ	The night........................	ٱلَّيْلِ
Living, alive...............	حَىٍّ	And Qur'anic reading (of)	وَقُرْآنَ

Please follow the same instructions given in Lesson One, page 4.

٢٩

Please follow the same instructions given in Lesson One, page 5.

اَلرَّزَّاقُ اَلْفَتَّاحُ اَلْعَلِيمُ اَلْقَابِضُ
اَلرَّزَّاقُ اَلْفَتَّاحُ اَلْعَلِيمُ اَلْقَابِضُ
اَلرَّزَّاقُ اَلْفَتَّاحُ اَلْعَلِيمُ اَلْقَابِضُ

The Constrictor, * The All-Knowing, * The Revealer . * The Provider.
The Restrainer.

اَلدَّرْسُ ٱلسَّادِسُ

اَلتَّدْرِيبُ ٱلأَوَّلُ : مِنْ بَيْنِ ٱلكَلِمَاتِ ٱلمَوْضُوعَةِ بَيْنَ قَوْسَيْنِ بَعْدَ ٱلجُمْلَةِ ، هُنَاكَ كَلِمَةٌ وَاحِدَةٌ تُنَاسِبُ ٱلفَرَاغَ . اِخْتَارُوا ٱلكَلِمَةَ ٱلمُنَاسِبَةَ وَٱكْتُبُوهَا فِي ٱلفَرَاغِ :

From among the words given in parenthesis after the sentences, only one is suited to fill in the blank; write down the appropriate word on the blank :

١- أَللّٰهُ .... (دِينِي \ رَبِّي \ دُسْتُورِي)

٢- أَلمُسْلِمُونَ .... (أَخَوَاتِي \ أَهْلِي \ إِخْوَتِي)

٣- أَلقُرْآنُ .... (كِتَابِي \ دِينِي \ نَبِيِّي)

٤- أَنَا .... (مُسْلِمُونَ \ مُسْلِمَاتٌ \ مُسْلِمٌ)

٥- يُصَلِّي ٱلمُسْلِمُ خَمْسَ مَرَّاتٍ كُلَّ .... (سَنَةٍ \ يَوْمٍ \ شَهْرٍ)

٦- يَحُجُّ ٱلمُسْلِمُونَ .... بَيْتِ ٱللّٰهِ ٱلحَرَامِ . (عَلَى \ فِي \ إِلَى)

٧- يُعْطِي ٱلمُسْلِمُ ٱلزَّكَاةَ .... (لِأَخَوَتِي \ لِجِيرَانِهِ \ لِلْفُقَرَاءِ)

٨- .... ٱلمُسْلِمَةُ شَهْرَ رَمَضَانَ . (تُصَلِّي \ تَصُومُ \ تَحُجُّ)

٩- مُحَمَّدٌ .... ٱللّٰهِ . (دِينُ \ كِتَابُ \ رَسُولُ)

١٠- يَحُجُّ ٱلمُسْلِمُ مَرَّةً فِي .... (ٱلسَّنَةِ \ ٱلشَّهْرِ \ ٱلعُمْرِ)

اَلتَّدْرِيبُ ٱلثَّانِي: أَعِيدُوا تَرْتِيبَ ٱلكَلِمَاتِ لِتَكْوِينِ جُمَلٍ مُفِيدَةٍ، ثُمَّ ٱكْتُبُوا ٱلجُمَلَ فِي ٱلفَرَاغَاتِ بَعْدَ ٱلأَسْهُمِ :

Re-arrange the order of the words to produce meaningful sentences , then write them down in the spaces following the arrows :

١- رَبِّي- دِينِي- اَللّٰهُ - وَٱلإِسْلَامُ ‹ -- .

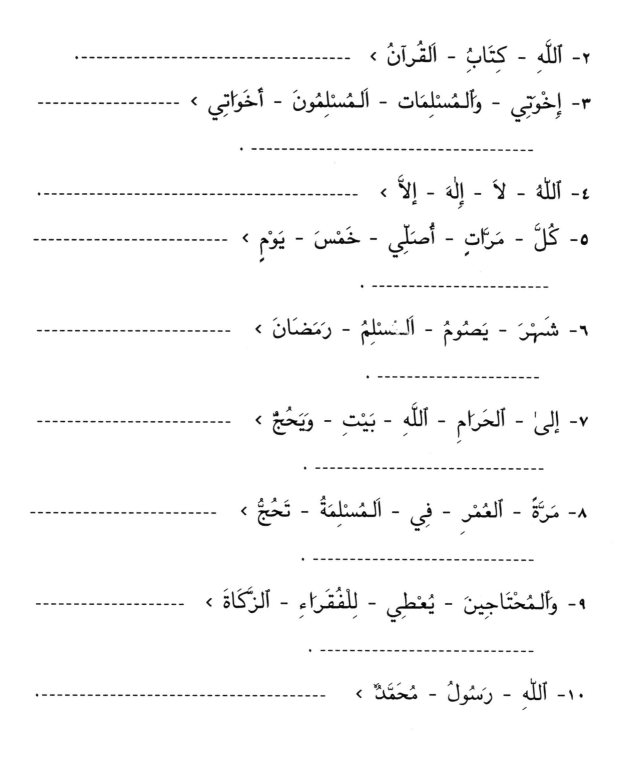

٢- ٱللّٰهِ - كِتَابُ - اَلْقُرآنُ › ....

٣- إِخْوَتِي - وَٱلْمُسْلِمَات - اَلْمُسْلِمُونَ - أَخَوَاتِي › ....

....

٤- ٱللّٰهُ - لاَ - إِلٰهَ - إِلاَّ › ....

٥- كُلَّ - مَرَّاتٍ - أُصَلِّي - خَمْسَ - يَوْمٍ › ....

....

٦- شَهْرَ - يَصُومُ - اَلْمُسْلِمُ - رَمَضَانَ › ....

....

٧- إِلىٰ - ٱلْحَرَامِ - ٱللّٰهِ - بَيْتِ - وَيَحُجُّ › ....

....

٨- مَرَّةً - ٱلْعُمْرِ - فِي - اَلْمُسْلِمَةُ - تَحُجُّ › ....

....

٩- وَٱلْمُحْتَاجِينَ - يُعْطِي - لِلْفُقَرَاءِ - ٱلزَّكَاةَ › ....

....

١٠- ٱللّٰهِ - رَسُولُ - مُحَمَّدٌ › ....

اَلتَّدْرِيبُ ٱلثَّالِثُ : تَدَرَّبُوا عَلَى تَصْرِيفِ ٱلأَفْعَالِ بِمَلأِ ٱلفَرَاغَاتِ فِي ٱلجَدْوَلِ ٱلتَّالِي :

Practice the conjugation of verbs by filling in the empty spaces in the following chart:

نَحْنُ	أَنَا	أَنْتِ	أَنْتَ	هِيَ	هُوَ
					يُصَلِّي
				تَصُومُ	
			تُعْطِي		
		تَحُجِّينَ			
	أَتَوَضَّأُ				
نَصْحُو					
		تَفْتَحِينَ			

اَلتَّدْرِيبُ ٱلرَّابِعُ : اِمْلأُوا ٱلفَرَاغَاتِ فِي ٱلجُمَلِ ٱلتَّالِيةِ بِكِتَابَةِ ٱلصُّورَةِ ٱلصَّحِيحَةِ لِلْفِعْلِ :

Fill in the blanks in the following sentences with the correct form of the verb conjugation :

١- اَلْمُسْلِمَةُ .... كُلَّ يَوْمٍ خَمْسَ مَرَّاتٍ . (يُصَلِّي)

٢- اَلْمُسْلِمُ .... ٱلزَّكَاةَ لِلْفُقَرَاءِ وَٱلْمُحْتَاجِينَ . (يُعْطِي)

٣- أَنَا .... شَهْرَ رَمَضَانَ . (يَصُومُ)

٤- هِيَ .... إِلَى بَيْتِ ٱللّٰهِ ٱلحَرَامِ هٰذِهِ ٱلسَّنَةَ . (يَحُجُّ)

٥- أُخْتِي .... إِلَى ٱلمَدْرَسَةِ كُلَّ يَوْمٍ . (يَذْهَبُ)

٦- .... مُحَمَّدٌ مِنْ نَوْمِهِ مُبَكِّراً . (يَصْحُو)

٧- نَحْنُ .... وَ .... كُلَّ يَوْمٍ . (يَتَوَضَّأُ \ يُصَلِّي)

٨- اَلطَّالِبَةُ اَلنَّشِيطَةُ .... فِرَاشَهَا فِي اَلصَّبَاحِ . (يُرَتِّبُ)

٩- أَنَا .... بِالْمَاءِ وَالصَّابُونِ كُلَّ صَبَاحٍ . (يَغْتَسِلُ)

اَلتَّدْرِيبُ اَلْخَامِسُ : يُجْمَعُ اَلْاِسْمُ اَلْمُذَكَّرُ بِإِضَافَةِ (ـُونَ) إِلَىٰ صِيغَةِ اَلْمُفْرَدِ ، وَيُجْمَعُ اَلْإِسْمُ اَلْمُؤَنَّثُ بِإِضَافَةِ (ـَاتٌ) إِلَىٰ صِيغَةِ اَلْمُفْرَدِ بَعْدَ حَذْفِ اَلتَّاءِ اَلْمَرْبُوطَةِ .
لَاحِظُوا اَلنَّمُوذَجَ ثُمَّ صُوغُوا جَمْعَ اَلْمُذَكَّرِ وَالْمُؤَنَّثِ مِنْ قَائِمَةِ اَلْأَسْمَاءِ اَلْمُفْرَدَةِ اَلَّتِي تَتْلُوهُ :

One way to form masculine plurals from their singular forms is by suffixing (ـُونَ) to the end of the singlur . The feminine plurals, on the other hand, are commonly formed by adding the suffix (ـَات) to the singular after dropping the ة \ ـة of the singular form :

مُسْلِمٌ ‹	مُسْلِمُونَ \	مُسْلِمَةٌ ‹	مُسْلِمَاتٌ

مُحْتَاجٌ ‹ -------------------- \ مُحْتَاجَةٌ ‹ --------------------

مُمَرِّضٌ ‹ -------------------- \ مُمَرِّضَةٌ ‹ --------------------

مُدَرِّسٌ ‹ -------------------- \ مُدَرِّسَةٌ ‹ --------------------

تِلْمِيذٌ ‹ -------------------- \ تِلْمِيذَةٌ ‹ --------------------

طَيِّبٌ ‹ -------------------- \ طَيِّبَةٌ ‹ --------------------

سَعِيدٌ ‹ -------------------- \ سَعِيدَةٌ ‹ --------------------

جَمِيلٌ ‹ -------------------- \ جَمِيلَةٌ ‹ --------------------

تَطْبِيقَاتٌ قُرآنِيَّةٌ .... QUR'ANIC EXAMPLES

١-﴿ شَهْرُ رَمَضَانَ ٱلَّذِي أُنْزِلَ فِيهِ ٱلْقُرْآنُ هُدًى لِّلنَّاسِ ﴾ (ٱلْبَقَرَةُ: ١٨٥)

٢-﴿ مُحَمَّدٌ رَّسُولُ ٱللَّهِ وَٱلَّذِينَ مَعَهُ أَشِدَّاءُ عَلَى ٱلْكُفَّارِ رُحَمَاءُ بَيْنَهُمْ ﴾

(ٱلْفَتْحُ - ٢٩)

----

* * *

(The) Messenger (of)	رَسُولُ	Month (of)	شَهْرُ
Allah	ٱللَّهِ	Ramadan	رَمَضَانَ
And those who	وَٱلَّذِينَ	(In) which	ٱلَّذِي
With him ... (مَعَ + ـهُ)	مَعَهُ	Was sent down	أُنْزِلَ
Are strong	أَشِدَّاءُ	In it .... (فِي + ـهِ)	فِيهِ
Against	عَلَى	The Qur'an	ٱلْقُرْآنُ
The unbelievers	ٱلْكُفَّارِ	Guidance	هُدًى
Compassionate	رُحَمَاءُ	For Mankind	لِّلنَّاسِ
Among Each other	بَيْنَهُمْ	Muhammad	مُحَمَّدٌ

* * *

Please follow the same instructions given in Lesson One, page 4.

Please follow the same instructions given in Lesson One, page 5 .

اَلْبَاسِطُ اَلْخَافِضُ اَلرَّافِعُ اَلْمُعِزُّ
اَلْبَاسِطُ اَلْخَافِضُ اَلرَّافِعُ اَلْمُعِزُّ
اَلْبَاسِطُ اَلْخَافِضُ اَلرَّافِعُ اَلْمُعِزُّ

The Honorer, * The Exatter, * The Abaser, * The Expander
The Strengthener. The Ennobler. The Humbler.

اَلدَّرْسُ اَلسَّابِعُ

اَلتَّدْرِيبُ اَلأَوَّلُ : أَعِيدُوا تَرْتِيبَ اَلكَلِمَاتِ لِتَكْوِينِ جُمَلٍ مُفِيدَةٍ ، ثُمَّ اكْتُبُوا اَلجُمَلَ فِي

اَلفَرَاغَاتِ بَعْدَ اَلأَسْهُمِ :

Rearrange the order of the words to produce meaningful sentences , then
write them down on the spaces following the arrows:

١- ‹ اَلنَّبِيّ - إِلَى - جَاءَ - رَجُلٌ › ------------------------ .

٢- ‹ إِنِّي - قَالَ - فَقِيرٌ › ------------------------ .

٣- ‹ قَدُومًا - اَلنَّبِيُّ - أَعْطَاهُ › ------------------------ .

٤- ‹ اَلحَطَبَ - وَأَجْمَعِ - وَبِعْهُ - اذْهَبْ › ------------------------

------------------------ .

٥- ‹ قَدُومَهُ - حَمَلَ - اَلرَّجُلُ › ------------------------ .

٦- ‹ إِلَى - اَلرَّجُلُ - ذَهَبَ - اَلجَبَلِ › ------------------------

------------------------ .

٧- ‹ اَلعَمَل - لَذَّةَ - عَرَفَ › ------------------------ .

٨- ‹ لِأَوْلَادِهِ - اِشْتَرَىٰ - بَعْضَ - اَلثِّيَابِ › ------------------------

------------------------ .

٩- ‹ اَلطَّيِّبَ - اَلطَّعَامَ - لِأَوْلَادِهِ - اِشْتَرَىٰ › ------------------------

------------------------ .

١٠- ‹ لَكَ - هٰذَا - خَيْرٌ › ------------------------ .

اَلتَّدرِيبُ اَلثَّانِي : اِقْرَأُوا الأَفْعَالَ اَلتَّالِيَةَ جَهْراً مَعَ مُلاَحَظَةِ اَلعَلاَقَةِ بَيْنَ اَلفِعْلِ اَلمَاضِي وَاَلمُضَارِعِ وَالأَمْرِ (هٰذا تَدرِيبٌ اَستِطْلاَعِيٌّ، وَلاَ يُقْصَدُ مِنهُ اَلتَّعَمُّقُ فِي دِرَاسَةِ صِيغِ هٰذِهِ الأَفْعَالِ . يَكْفِي أَنْ يَعرِفَ اَلتَّلاَمِيذُ فِي هٰذِهِ اَلمَرْحَلَةِ وُجُودَ هٰذِهِ اَلصِّيَغِ اَلثَّلاَثِ لِكُلِّ فِعلٍ :

Read aloud the following sets of three verb forms which represent the perfect, the imperfect and the imperative; then try to examine the relationship between these forms: (the teacher should bear in mind that this is not intended to be in depth study of these forms; it is rather an exploratory approach. Suffice, at this stage, that students become aware of the existence of these three forms for every verb) :

(١)

حَمَلَ - يَحْمِلُ - اِحْمِلْ

عَرَفَ - يَعْرِفُ - اِعْرِفْ

رَجَعَ - يَرْجِعُ - اِرْجِعْ

(٢)

رَبِحَ - يَرْبَحُ - اِرْبَحْ

ذَهَبَ - يَذْهَبُ - اِذْهَبْ

جَمَعَ - يَجْمَعُ - اِجْمَعْ

(٣)

أَخَذَ - يَأْخُذُ - خُذْ

اَلتَّدْرِيبُ اَلثَّالِثُ : بِنَاءً عَلَى دِرَاسَتِكُم لِنَصِّ اَلدَّرْسِ صَفْحَة (٤٦) وَكَذٰلِكَ صِيَغِ الأَفْعَالِ فِي اَلتَّدْرِيبِ السَّابِقِ ، اِخْتَارُوا صُورَةَ اَلفِعْلِ اَلمُنَاسِبَةَ مِنَ اَلأَفْعَالِ اَلمَوْجُودَةِ بَيْنَ قَوْسَيْنِ لِمَلأِ اَلفَرَاغَاتِ فِي اَلجُمَلِ اَلتَّالِيَةِ :

Based on your re-reading of the leson of the text on page 46 , as well as your study of the three verb tenses in the previous exercise, select the right form of the verbs given in parenthesis to fill in the blanks in the following sentences :

١- .... رَجُلٌ إِلَى اَلنَّبِيِّ (ص) ٠ (جَاءَ - يَجِيءُ - جِيءْ)

٢- قَالَ ٱلرَّجُلُ : يَا رَسُولَ ٱللَّهِ ، إِنِّي فَقِيرٌ فَـ ....نِي . (سَاعَدَ - يُسَاعِدُ - سَاعِدْ)

٣- .... ٱلنَّبِيُّ ٱلرَّجُلَ قَدُوماً . (أَعْطَى - يُعْطِي - اِعْطِ)

٤- قَالَ لَهُ ٱلنَّبِيُّ (ص) .... (ذَهَبَ - يَذْهَبُ - اِذْهَبْ)

٥- قَالَ لَهُ ٱلنَّبِيُّ (ص) .... ٱلحطَبَ . (جَمَعَ - يَجْمَعُ - اِجْمَعْ)

٦- قَالَ لَهُ ٱلنَّبِيُّ (ص) .... ٱلحَطَبَ . (بَاعَ - يَبِيعُ - بِعْ)

٧- .... ٱلرَّجُلُ قَدُومَهُ . (حَمَلَ - يَحْمِلُ - اِحْمِل)

٨- وَ .... إِلَى ٱلجَبَلِ . (ذَهَبَ - يَذْهَبُ - اِذْهَبْ)

٩- وَ .... يَقْطَعُ الحَطَبَ . (أَخَذَ - يَأْخُذُ - خُذْ)

١٠- فَـ .... لَذَّةَ ٱلعَمَلِ . (عَرَفَ - يَعْرِفُ - اِعْرِفْ)

١١- وَ .... نُقُوداً مِنْ تَعَبِهِ . (رَبِحَ - يَرْبَحُ - اِرْبَحْ)

١٢- وَ .... لأَوْلاَدِهِ بَعْضَ ٱلثِّيَابِ وَٱلطَّعَامَ . (اِشْتَرَى - يَشْتَرِي - اِشْتَرِ)

١٣- وَلَمَّا .... إِلَى ٱلنَّبِيِّ (عَادَ - يَعُودُ - عُدْ) .... لَهُ : (قَالَ - يَقُولُ -قُلْ)

١٤- هٰذَا خَيْرٌ لَكَ مِنْ أَنْ .... بِلاَ عَمَلٍ . (قَعَدَ- تَقْعُدَ -أُقْعُدْ)
وَ .... ٱلفَقْرَ . (شَكَا - تَشْكُو - أُشْكُ)

اَلتَّدْرِيبُ ٱلرَّابِعُ : التَّرَاكِيبُ ٱلتَّالِيَةُ تَحْتَوِي عَلَىٰ ضَمَائِرَ مُتَّصِلَةٍ ، ضَعُوا دَائِرَةً حَوْلَ كُلِّ مِنْهَا، ثُمَّ ٱرْجِعُوا إِلَى نَصِّ ٱلدَّرْسِ وَحَاوِلُوا تَرْجَمَةَ مَعْنَاهُ إِلَىٰ ٱللُّغَةِ ٱلأَنْجِلِيزِيَّةِ ، كَمَا فِي ٱلنَّمُوذَجِ :

The following structures contain suffix pronouns. Identify these pronouns by circling them. Then, turn to the text of the lesson to see how best can you translate each pronoun into English. Please follow the given example:

Him or It = عَلَيْهِ

إِنِّي = ---------- فَسَاعِدْنِي ---------- يَبِيعُهُ ----------

أَعْطَاهُ = ---------- لَهُ = ---------- تَعَبِهِ = ----------

بِعْهُ = ---------- إِلَيَّ = ---------- لأَوْلاَدِهِ = ----------

قَدُومَهُ = ---------- يَجْمَعُهُ = ---------- لَهُ = ----------

Note : The following are all the possible English meanings of these suffixed pronouns:

I, Me, It, Him, His,

QUR'ANIC EXAMPLES .... تَطْبِيقَاتٌ قُرآنِيَّةٌ

١- ﴿ إِنَّ ٱللَّهَ وَمَلَٰٓئِكَتَهُۥ يُصَلُّونَ عَلَى ٱلنَّبِيِّ ﴾ (الأحْزَاب : ٥٦)

٢- ﴿ أَلَيْسَ مِنكُمْ رَجُلٌ رَّشِيدٌ ﴾ (هُود : ٧٨)

❀ ❀ ❀

Indeed, Surely, Certainly ...... إِنَّ

Allah .... ٱللَّهَ

And His Angels .... وَمَلَٰٓئِكَتَهُۥ

They send blessings ..... يُصَلُّونَ

On, upon .... عَلَى

The Prophet .... ٱلنَّبِيِّ

Is not (there) .... أَلَيْسَ

Among you .... مِنكُمْ

A man .... رَجُلٌ

Wise, right .... رَّشِيدٌ

❋ ❋ ❋

Please follow the same instructions given in Lesson One, page 4.

Please follow the same instructions given in Lesson One, page 5 .

اَلْمُذِلُّ اَلسَّمِيعُ اَلْبَصِيرُ اَلْحَكَمُ

اَلْمُذِلُّ اَلسَّمِيعُ اَلْبَصِيرُ اَلْحَكَمُ

اَلْمُذِلُّ اَلسَّمِيعُ اَلْبَصِيرُ اَلْحَكَمُ

The Judge. * The All- Seeing. * The All-Hearing. * The Dishonorer, The Humiliator.

اَلدَّرْسُ ٱلثَّامِنُ

اَلتَّدْرِيبُ ٱلأَوَّلُ : أُرْسُمُوا خَطًّا يَصِلُ بَيْنَ كُلِّ فِعْلٍ فِي ٱلقَائِمَةِ (ا) وَمَا يُنَاسِبُهُ مِنْ عِبَارَاتِ ٱلقَائِمَةِ (ب) لِتَكْوِينِ جُمَلٍ مُفِيدَةٍ :

Draw a line to connect the appropriate verb from the column on the right with the suitable from the column on left to form meaningful sentences :

(أ)	(ب)
أَحْلِبُ	بَيْضَ ٱلدَّجَاجِ .
أُطْعِمُ	مَعَهُمَا شَهْراً كَامِلاً .
أَجْمَعُ	أَنْ أَرْكَبَ ٱلحِصَانَ ٱلأَسْوَدَ ٱلجَمِيلَ .
أُسَاعِدُ	ٱلبَقَرَةَ ٱلسَّمِينَةَ ٱلسَّوْدَاءَ .
أَلْعَبُ	لِزِيَارَتِهِمَا فِي ٱلمَزْرَعَةِ .
أُحِبُّ	مَعَ ٱلخَرُوفِ ٱلأَبْيَضِ ٱلصَّغِيرِ .
أَمْكُثُ	جَدِّي وَجَدَّتِي فِي أَعْمَالِ ٱلمَزْرَعَةِ .
أَذْهَبُ	ٱلأَرَانِبَ وَٱلخِرْفَانَ .

اَلتَّدْرِيبُ ٱلثَّانِي : أَعِيدُوا تَرْتِيبَ ٱلكَلِمَاتِ لِتَكْوِينِ جُمَلٍ مُفِيدَةٍ ، ثُمَّ ٱكْتُبُوا ٱلجُمَلَ فِي ٱلفَرَاغَاتِ بَعْدَ ٱلسَّهْمِ :

Rearrange the order of the words to form meaningful structures, then write them down on the spaces following the arrows :

١- جَدِّي - فِي - وَجَدَّتِي - يَعِيشُ - مَزْرَعَةٍ < ------------------

-- .

٢- خَارِجَ - جَدِّي - مَزْرَعَةُ - ٱلْمَدِينَةِ › ---------------------------

------------------------------------ .

٣- لِزِيَارَتِهِمَا - أَذْهَبُ - فِي - ٱلصَّيْفِ - عُطْلَةِ › --------------------

--- .

٤- أَمْكُثُ - كَامِلاً - شَهْراً - مَعَهُمَا › --------------------------

--------------------------------- .

٥- كَثِيرَةٌ - فِي - ٱلْمَزْرَعَةِ - حَيَوَانَاتٌ › --------------------------

-------------------------------------- .

٦- وَخُيُولٌ - أَبْقَارٌ - فِيهَا › ----------------------------------- .

٧- أَرْكَبَ - أَنْ - أُحِبُّ - ٱلْحِصَانَ › ---------------------------

--------------------------------- .

٨- مَعَ - أَلْعَبُ - ٱلصَّغِيرِ - ٱلْخَرُوفِ › --------------------------

---------------------------------- .

٩- جَدِّي - فِي - أَعْمَالِ - أُسَاعِدُ - ٱلْمَزْرَعَةِ › -------------------

--- .

١٠- ٱلدَّجَاجِ - بَيْضَ - أَجْمَعُ › ------------------------------------ .

١١- ٱلسَّمِينَةَ - ٱلْبَقَرَةَ - أَحْلِبُ › ------------------------------------ .

اَلتَّدْرِيبُ ٱلثَّالِثُ : مِنْ بَيْنِ ٱلْكَلِمَاتِ ٱلْمَوْضُوعَةِ بَيْنَ قَوْسَيْنِ فِي نِهَايَةِ ٱلْجُمْلَةِ ، اِخْتَارُوا ٱلْكَلِمَةَ ٱلْمُنَاسِبَةَ لِمَلْءِ ٱلْفَرَاغِ فِي تِلْكَ ٱلْجُمْلَةِ وَٱكْتُبُوهَا فِي ذٰلِكَ ٱلْفَرَاغِ :

From among the words given in parenthesis, choose the one word that suits the blank and write it down in that blank:

١- مَزْرَعَةُ جَدِّي .... ٱلْمَدِينَةِ . (فِي \ خَارِجَ \ بَعْدَ)

٢- أُحِبُّ .... أَرْكَبَ ٱلْحِصَانَ ٱلأَسْوَدَ . (مَعَ \ فِي \ أَنْ)

٣- أُحِبُّ أَنْ أَلْعَبَ .... ٱلْخَرُوفِ . (عَلَى \ مَعَ \ قَبْلَ)

٤- يَعِيشُ جَدِّي .... مَزْرَعَةٍ جَمِيلَةٍ . (فِي \ عَلَىٰ \ عَنْ)

٥- أُحِبُّ أَن أَرْكَبَ ٱلْحِصَانَ .... (ٱلأَسْوَدَ \ ٱلسَّوْدَاءَ \ ٱلسَّمِينَةَ)

٦- أَجْمَعُ بَيْضَ .... (ٱلأَرَانِبِ \ ٱلدَّجَاجِ \ ٱلخِرْفَانِ)

٧- يَعِيشُ جَدِّي فِي مَزْرَعَةٍ .... (جَمِيلَةٍ \ سَوْدَاءَ \ صَغِيرٍ)

٨- .... ٱلبَقَرَةَ ٱلسَّمِينَةَ ٱلسَّوْدَاءَ . (أَجْمَعُ \ أَمْكُثُ \ أَحْلِبُ)

٩- .... جَدِّي فِي أَعْمَالِ ٱلْمَزْرَعَةِ . (أَذْهَبُ \ أُحِبُّ \ أُسَاعِدُ)

اَلتَّدْرِيبُ ٱلرَّابِعُ : اَلْكَلِمَاتُ ٱلتَّالِيَةُ وَرَدَتْ فِي نَصِّ ٱلدَّرْسِ كَصِفَاتٍ أَوْ نُعُوتٍ مُذَكَّرَةٍ أَوْ مُؤَنَّثَةٍ . صُوغُوا صُورَتَهَا ٱلْمُضَادَّةَ تَذْكِيراً أَو تَأْنِيثًا كَمَا فِي ٱلْمِثَالِ :

The following words were used in the text of the lesson as adjectives or modifiers in masculine or feminine forms. Form the opposite gender as in the example:

اَلسَّوْدَاء › اَلأَسْوَد

اَلسَّمِينَة ›	----------------	اَلجَمِيل ›	----------------
اَلصَّغِير ›	----------------	كَثِيرَة ›	----------------
اَلأَبْيَض ›	----------------	كَامِلاً ›	----------------

QUR'ANIC EXAMPLES .... تَطْبِيقَاتٌ قُرآنِيَّةٌ

١- ﴿ وَكُلُوا وَٱشْرَبُوا حَتَّىٰ يَتَبَيَّنَ لَكُمُ ٱلخَيْطُ ٱلأَبْيَضُ مِنَ ٱلخَيْطِ ٱلأَسْوَدِ ﴾

(البَقَرَة : ١٨٧)

٢- ﴿ إِۦلَٰفِهِمْ رِحْلَةَ ٱلشِّتَآءِ وَٱلصَّيْفِ ﴾ (قُرَيش : ٢)

❀ ❀ ❀

And eat .... وَكُلُوا

And drink .... وَٱشْرَبُوا

Until .... حَتَّىٰ

Appear distinct .... يَتَبَيَّنَ

To you .... لَكُمْ

The thread .... ٱلخَيْطُ

The white .... ٱلأَبْيَضُ

From .... مِنَ

The black .... ٱلأَسْوَدِ

❋ ❋ ❋

Their covenants .... إِۦلَٰفِهِمْ

Journey .... رِحْلَةَ

The winter .... ٱلشِّتَآءِ

And the summer .... وَٱلصَّيْفِ

❀ ❀ ❀

Please follow the same instructions given in Lesson One, page 4 .

Please follow the same instruction given in Lesson One, page 5

اَلْعَدْلُ اَللَّطِيفُ اَلْخَبِيرُ اَلْحَلِيمُ

اَلْعَدْلُ اَللَّطِيفُ اَلْخَبِيرُ اَلْحَلِيمُ

اَلْعَدْلُ اَللَّطِيفُ اَلْخَبِيرُ اَلْحَلِيمُ

The Forebearing One. * The Sagacious, * The Benevolent, * The Just.
The Aware . The kind.

اَلدَّرْسُ ٱلتَّاسِعُ

اَلتَّدْرِيبُ ٱلأَوَّلُ : رَتِّبُوا ٱلكَلِمَاتِ ٱلتَّالِيَةَ فِي كُلِّ مَجْمُوعَةٍ لِتُكَوِّنُوا جُمْلَةً مُفِيدَةً :

Rearrange the following groups of words to form meaningful sentences :

١- أَسَدٌ \ وَثَعْلَبٌ \ اِجْتَمَعَ › ----------------------------------.

٢- غَزَالاً \ وَأَرْنَبًا \ اِصْطَادُوا \ وَحِمَاراً › ----------------------------------

----------------------------------.

٣- لِلذِّئْبِ \ ٱلأَسَدُ \ قَالَ › ----------------------------------.

٤- ٱلمَلِكُ \ أَيُّهَا \ أَنْتَ \ قَسِّمْ › ----------------------------------.

٥- لَكَ \ وَٱلغَزَالُ \ اَلحِمَارُ \ لِي › ----------------------------------

----------------------------------.

٦- ضَرْبَةً \ ٱلأَسَدُ \ ضَرَبَهُ › ----------------------------------.

٧- لِلثَّعْلَبِ \ ثُمَّ \ ٱلأَسَدُ \ قَالَ › ----------------------------------.

٨- لِفُطُورِكَ \ وَٱلغَزَالُ \ ٱلأَرْنَبُ \ لِغَدَائِكَ › ----------------------------------

----------------------------------.

٩- طَعَامِكَ \ مِنْ \ لِي \ يَبْقَىٰ \ مَا › ----------------------------------

----------------------------------.

١٠- لَهُ \ قَالَ \ عَلَّمَكَ \ مَنْ \ هٰذَا › ----------------------------------

----------------------------------؟ ---------------

اَلتَّدْرِيبُ اَلثَّانِي : تَدَرَّبُوا عَلَى تَصْرِيفِ اَلْفِعْلِ اَلْمَاضِي فِي صِيغَةِ اَلْجَمْعِ كَمَا فِي اَلْمِثَال :

Practice the conjugation of the perfect verb in its plural masculine form as in the example :

اِصْطَادَ ‹ اِصْطَادُوا

اِجْتَمَعَ ‹ ------------ قَالَ ‹ ------------

ضَرَبَ ‹ ------------ أَطَارَ ‹ ------------

سَرَّ ‹ ------------ عَلَّمَ ‹ ------------

طَارَ ‹ ------------ كَتَبَ ‹ ------------

اَلتَّدْرِيبُ اَلثَّالِثُ : حَرْفُ الجَرِّ (لِـ) يَسْبِقُ اَلْاسْمَ دَائِمًا وَيُكْتَبُ كَجُزْءٍ مِنَ اَلْكَلِمَةِ اَلَّتِي تَلِيهِ . وَإِذَا حَدَثَ أَنَّ ذٰلِكَ اَلْاسْمَ كَانَ مُعَرَّفًا بِأَل اَلتَّعْرِيفِ ، فَإِنَّ أَلِفَ أَل اَلتَّعْرِيفِ تَسْقُطُ مِنَ اَلْكِتَابَةِ . تَدَرَّبُوا عَلَى كِتَابَةِ حَرْفِ اَلْجَرِّ (لِـ) مَقْرُونًا بِالْأَسْمَاءِ اَلتَّالِيَةِ لَهُ كَمَا فِي اَلْمِثَال :

The preposition (لِـ) is always written as part of the following noun. If it happened that that noun had the definite article (أَل) then the (أ) of the definite article is dropped both in writing and pronunciation. Now, practice writing and reading this combination as in the example :

اَلأَرْنَبُ (لِـ + اَلثَّعْلَب) = اَلأَرْنَبُ لِلثَّعْلَبِ .

اَلحِمَارُ (لِـ + اَلذِّئب) = ------------------------.

اَلكِتَابُ (لِـ + اَلطَّالِب) = ------------------------.

اَلحِصَانُ (لِـ + اَلْوَلَد) = ...

اَلخَرُوفُ (لِـ + اَلبِنْت) = ...

اَلسَّيَارَةُ (لِـ + اَلْمُعَلِّم) = ...

اَلْمَزْرَعَةُ (لِـ + اَلرَّجُل) = ...

<u>اَلتَّدْرِيبُ اَلرَّابِعُ</u> : اقْرَأُوا اَلحُرُوفَ اَلآتِيَةَ بِأَسْمَائِهَا ، ثُمَّ اَسْتَعْمِلُوا مَا يَلْزَمُ مِنْهَا بِاَلتَّرْتِيبِ اَلْمُنَاسِبِ لِتَكْوِينِ أَسْمَاءِ اَلحَيَوَانَاتِ اَلَّتِي وَرَدَتْ فِي هٰذَا اَلدَّرْسِ . وَاَكْتُبُوا اَسْمَ كُلِّ حَيَوَان فِي اَلفَرَاغِ تَحْتَ اَلصُّورَةِ اَلَّتِي تُنَاسِبُهُ :

Mention the names of the following letters, then use any combination necessary to construct the names of the animals which occured in the text of the lesson. Then write these names down on the spaces of the matching picture :

أ - ذ - ث - غ - ر - ح - س - د - ئ - ب - ع - ز - م
ا- ل

---------------- * ---------------- * ----------------

---------------- * ---------------- * ----------------

اَلتَّدْرِيبُ ٱلخَامِسُ : اِسْتَبْدِلُوا ضَمِيرَ ٱلْمُتَكَلِّمِ ٱلْمُتَّصِلِ (ي) بِضَمِيرِ ٱلْمُخَاطَبِ (كَ) وَلاَحِظُوا تَغَيُّرَ حَرَكَةِ حَرْفِ ٱلجَرِّ (لِـ) مِنَ ٱلكَسْرَةِ إِلىٰ ٱلفَتْحَةِ ، كَمَا فِي ٱلنَّمُوذَجِ :

Following the example, substitute the first person suffix pronoun (ـِي) with the second person suffix pronoun (ـكَ) and notice the change in the vowel of the prepositin (لِ) from a *kasrah* (ـِ) to a *fathah* (ـَ) :

اَلحِمَارُ لِي . › اَلحِمَارُ لَكَ .

اَلغَزَالُ لِي . › ....

اَلأَرْنَبُ لِي . › ....

اَلطَّعَامُ لِي . › ....

اَلخَرُوفُ لِي . › ....

اَلدَّجَاجَةُ لِي . › ....

اَلمَزْرَعَةُ لِي . › ....

اَلبَقَرَةُ لِي . › ....

اَلحِصَانُ لِي . › ....

اَلسَّيَارَةُ لِي . › ....

QUR'ANIC EXAMPLES .... تَطْبِيقَاتٌ قُرآنِيَّةٌ

١- ﴿ ... وَتَرَكْنَا يُوسُفَ عِنْدَ مَتَاعِنَا فَأَكَلَهُ ٱلذِّئْبُ ﴾ (يُوسُف : ١٧)

- -

٢- ﴿ وَقَالَ ٱلْمَلِكُ إِنِّي أَرَىٰ سَبْعَ بَقَرَاتٍ سِمَانٍ ...﴾ (يُوسُف : ٤٣)

- -

✽ ✽ ✽

And he said	.... وَقَالَ		
The king	.... ٱلْمَلِكُ	And we left	.... وَتَرَكْنَا
Surely I	...........(إِنَّ + ي) إِنِّي	Joseph	.... يُوسُفَ
I see	.... أَرَىٰ	With	.... عِنْدَ
Seven	.... سَبْعَ	Our things	.... مَتَاعِنَا
Cows	.... بَقَرَاتٍ	Then he ate him	.... فَأَكَلَهُ
Fat (Plural)	.... سِمَانٍ	The wolf	.... ٱلذِّئْبُ

✽ ✽ ✽

Please follow the same instructions given in Lesson One, page 4 .

Please follow the same instructions given in Lesson One, page 5.

اَلْعَظِيمُ	اَلْغَفُورُ	اَلشَّكُورُ	اَلْعَلِيُّ
اَلْعَظِيمُ	اَلْغَفُورُ	اَلشَّكُورُ	اَلْعَلِيُّ
اَلْعَظِيمُ	اَلْغَفُورُ	اَلشَّكُورُ	اَلْعَلِيُّ

The High. * The Very Appreciative. * The All-Forgiving.* The Great one,
The Mighty.

اَلدَّرْسُ ٱلعَاشِرُ

اَلتَّدْرِيبُ ٱلأَوَّلُ : مِنْ بَيْنِ ٱلكَلِمَاتِ ٱلمَوْضُوعَةِ بَيْنَ قَوْسَيْنِ، هُنَاكَ كَلِمَةٌ وَاحِدَةٌ تُنَاسِبُ ٱلفَرَاغَ . اِخْتَارُوا ٱلكَلِمَةَ ٱلمُنَاسِبَةَ وَٱكْتُبُوهَا فِي ٱلفَرَاغِ :

Among the words given in parenthesis after the sentences, only one is suited to fill in the space ; write it down on the dooted space :

١- .... قَلَمُ سَمِيرٍ . (ذَهَبَ \ وَجَدَ \ ضَاعَ)

٢- رَكَضَ بَاسِمٌ .... ٱلمُعَلِّمِ . (إِلَىٰ \ فِي \ عَلَىٰ)

٣- .... سَمِيرٌ : هٰذَا قَلَمِي . (رَكَضَ \ أَخَذَ \ قَالَ)

٤- .... هٰذَا ٱلقَلَمُ ؟ (مَنْ \ لِمَنْ \ مِنْ)

٥- وَجَدَ بَاسِمٌ ٱلقَلَمَ عَلَىٰ .... (ٱلمَدْرَسَةِ \ ٱلصَّفِ \ ٱلأَرْضِ)

٦- بَاسِمٌ تِلْمِيذٌ .... (أَمِينٌ \ أَحْمَرُ \ سَمِينَةٌ)

٧- أَخَذَ ٱلمُعَلِّمُ ٱلقَلَمَ وَذَهَبَ إِلَىٰ .... (ٱلمُعَلِّمِ \ بَاسِمٌ \ ٱلصَّفِ)

٨- بَاسِمٌ .... ٱلقَلَمَ فِي ٱلسَّاحَةِ . (رَكَضَ \ وَجَدَ \ ذَهَبَ)

٩- شُكْراً .... يَا بَاسِمُ . (لَكَ \ لِي \ لَهُ)

١٠- عَفْواً، لَا شُكْرَ عَلَىٰ .... (أَمِينٌ \ ٱلأَحْمَرَ \ وَاجِبٍ)

اَلتَّدْرِيبُ ٱلثَّانِي : أَعِيدُوا تَرْتِيبَ ٱلكَلِمَاتِ لِتَكْوِينِ جُمَلٍ مُفِيدَةٍ :

Rearrange the order of the following groups of words to form a meaningful sentence :

١- سَمِيرٍ \ قَلَمُ \ ضَاعَ › ---.

٢- فِي \ ضَاعَ \ ٱلمَدْرَسَةِ \ سَاحَةِ › --------------------------------.

٣- أَحْمَرُ \ لَوْنُهُ \ اَلْقَلَمُ › ....

٤- اَلْقَلَمَ \ وَجَدَ \ بَاسِمٌ › ....

٥- إِلَىٰ \ وَرَكَضَ \ أَخَذَهُ \ ٱلْمُعَلِّمِ › ....

٦- ٱلْأَحْمَرَ \ هٰذَا \ ٱلْقَلَمَ \ وَجَدْتُ › ....

٧- ٱلْقَلَمَ \ ٱلْمُعَلِّمُ \ أَخَذَ › ....

٨- إِلَىٰ \ ذَهَبَ \ وَقَالَ \ ٱلصَّفِّ › ....

٩- ٱلْقَلَمُ \ هٰذَا \ لِمَنْ ؟ › ....

١٠- تِلْمِيذٌ \ بَاسِمٌ \ أَمِينٌ › ....

١١- بَاسِمُ \ يَا \ لَكَ \ شُكْراً › ....

١٢- لاَ \ عَفْواً \ وَاجِبٍ \ عَلَى \ شُكْرَ › ....

....

اَلتَّدْرِيبُ ٱلثَّالِثُ : تَدَرَّبُوا عَلَىٰ صِيَاغَةِ ٱلأَسْئِلَةِ بِٱسْتِعْمَالِ أَدَاةِ ٱلِاسْتِفْهَامِ " لِمَنْ "

كَمَا فِي ٱلْمِثَالِ :

Practice forming questions with the interrogative particle (لِمَنْ) as in the example.

هٰذَا ٱلْقَلَمُ لِسَمِيرٍ . › لِمَنْ هٰذَا ٱلْقَلَمُ ؟

هٰذَا ٱلْكِتَابُ لِلتِّلْمِيذِ . › .... ؟

هٰذِهِ ٱلْقِطَّةُ لِي . › .... ؟

هٰذِهِ ٱلسَّيَّارَةُ لِأَبِي . › .... ؟

هٰذَا ٱلْقَلَمُ لَكَ . › ------------ ------------ ------------ ؟

هٰذِهِ ٱلْمَزْرَعَةُ لِجَدِّي . › ------------ ------------ ------------ ؟

هٰذَا ٱلْحِمَارُ لِلرَّجُلِ . › ------------ ------------ ------------ ؟

هٰذَا ٱلْبَيْتُ لِأُسْرَتِي . › ------------ ------------ ------------ ؟

هٰذِهِ ٱلْبَقَرَةُ لِجَدَّتِي . › ------------ ------------ ------------ ؟

هٰذَا ٱلْكَلْبُ لِجَارَتِي . › ------------ ------------ ------------ ؟

هٰذِهِ ٱللُّعْبَةُ لِصَبَاحَ . › ------------ ------------ ------------ ؟

اَلتَّدْرِيبُ ٱلرَّابِعُ : ٱلْقِطْعَةُ ٱلتَّالِيَةُ مَبْنِيَّةٌ عَلَى نَصِّ ٱلدَّرْسِ ٱلْمَوْجُودِ صَفْحَة (٧١) مِنْ

كِتَابِ ٱلْقِرَاءَةِ . لَاحِظُوا ٱلتَّغْيِيرَاتِ ٱلَّتِي حَدَثَتْ نَتِيجَةَ تَغْيِيرِ إِسْمِ ٱلتِّلْمِيذِ مِنَ

ٱلْمُذَكَّرِ إِلَى ٱلْمُؤَنَّثِ . لَاحِظُوا أَنَّ هٰذِهِ ٱلتَّغْيِيرَاتِ قَدْ وُضِعَ تَحْتَهَا خَطٌّ :

Read aloud the following passage which is based on the text of the lesson, on page 71 of Textbook. Then notice the underlined differences which are the result of changing the peson's name from masculine to feminine .

اَلتِّلْمِيذَةُ ٱلْأَمِينَةُ

ضَاعَ قَلَمُ سَمِيرَةَ فِي سَاحَةِ ٱلْمَدْرَسَةِ . اَلْقَلَمُ لَوْنُهُ أَحْمَرُ . وَجَدَتْ بَاسِمَةُ

ٱلْقَلَمَ عَلَى ٱلْأَرْضِ . أَخَذَتْهُ وَرَكَضَتْ إِلَى ٱلْمُعَلِّمَةِ وَقَالَتْ : وَجَدْتُ هٰذَا

ٱلْقَلَمَ ٱلْأَحْمَرَ فِي ٱلسَّاحَةِ . أَخَذَتِ ٱلْمُعَلِّمَةُ ٱلْقَلَمَ ، وَذَهَبَتْ إِلَى ٱلصَّفِّ،

وَقَالَتْ : لِمَنْ هٰذَا ٱلْقَلَمُ ؟

قَالَتْ سَمِيرَةُ : هٰذَا قَلَمِي . قَالَتِ ٱلْمُعَلِّمَةُ : بَاسِمَةُ وَجَدَتْ قَلَمَكِ فِي

ٱلسَّاحَةِ . بَاسِمَةُ تِلْمِيذَةٌ أَمِينَةٌ . قَالَتْ سَمِيرَةُ : شُكْراً لَكِ يَا بَاسِمَةُ .

أَجَابَتْهَا بَاسِمَةُ : عَفْواً، لَا شُكْرَ عَلَى وَاجِبٍ .

اَلتَّدْرِيبُ ٱلخَامِسُ : اِسْمَعُوا وَرَدِّدُوا كُلَّ جُمْلَتَيْنِ مُتَقَابِلَتَيْنِ وَلَاحِظُوا ٱلأِخْتِلَافَاتِ بَيْنَهُمَا :

Listen to and repeat the following pairs of sentences and notice the differences between them :

اَلتِّلْمِيذُ ٱلأَمِينُ . ‹.......› اَلتِّلْمِيذَةُ الأَمِينَةُ .

ضَاعَ قَلَمُ سَمِيرٍ . ‹.......› ضَاعَ قَلَمُ سَمِيرَةَ .

وَجَدَ بَاسِمٌ ٱلقَلَمَ . ‹.......› وَجَدَتْ بَاسِمَةُ ٱلقَلَمَ .

أَخَذَهُ وَرَكَضَ إِلىٰ ٱلمُعَلِّمِ . ‹.......› أَخَذَتْهُ وَرَكَضَتْ إِلىٰ ٱلمُعَلِّمَةِ .

أَخَذَ ٱلمُعَلِّمُ ٱلقَلَمَ . ‹.......› أَخَذَتِ ٱلمُعَلِّمَةُ ٱلقَلَمَ .

وَذَهَبَ إِلىٰ ٱلصَّفِّ . ‹.......› وَذَهَبَتْ إِلىٰ ٱلصَّفِّ .

وَقَالَ : لِمَنْ هٰذَا ٱلقَلَمُ ؟ ‹.......› وَقَالَتْ : لِمَنْ هٰذَا ٱلقَلَمُ ؟

قَالَ سَمِيرٌ : هٰذَا قَلَمِي . ‹.......› قَالَتْ سَمِيرَةُ : هٰذَا قَلَمِي .

قَالَ ٱلمُعَلِّمُ . ‹.......› قَالَتِ ٱلمُعَلِّمَةُ .

بَاسِمٌ تِلْمِيذٌ أَمِينٌ . ‹.......› بَاسِمَةُ تِلْمِيذَةٌ أَمِينَةٌ .

شُكْراً لَكَ يَا بَاسِمُ . ‹.......› شُكْراً لَكِ يَا بَاسِمَةُ .

أَجَابَهُ بَاسِمٌ : عَفْواً . ‹.......› أَجَابَتْهَا بَاسِمَةُ : عَفْواً .

اَلتَّدْرِيبُ ٱلسَّادِسُ : إقْرَأُوا جَهْراً كُلَّ جُمْلَتَيْنِ مُتَقَابِلَتَيْنِ مَعَ مُلاَحَظَةِ ٱلفَرْقِ بَيْنَ تَصْرِيفِ ٱلفِعْلِ مَعَ فَاعِلٍ مُذَكَّرٍ ، وتَصْرِيفِهِ مَعَ فَاعِلٍ مُؤَنَّثٍ :

Read aloud each pair of sentences and notice the difference in the conjugation of the verb when the gender of the subject changes from masculine to feminane :

هُوَ وَجَدَ . ‹.....› هِيَ وَجَدَتْ .

هُوَ أَخَذَ . ‹.....› هِيَ أَخَذَتْ .

هُوَ رَكَضَ . ‹.....› هِيَ رَكَضَتْ .

هُوَ قَالَ . ‹.....› هِيَ قَالَتْ .

هُوَ أَجَابَ . ‹.....› هِيَ أَجَابَتْ .

هُوَ ضَرَبَ . ‹.....› هِيَ ضَرَبَتْ .

هُوَ سُرَّ . ‹.....› هِيَ سُرَّتْ .

هُوَ عَلَّمَ . ‹.....› هِيَ عَلَّمَتْ .

هُوَ ذَهَبَ . ‹.....› هِيَ ذَهَبَتْ .

هُوَ يُحِبُّ . ‹.....› هِيَ تُحِبُّ .

هُوَ يَأْكُلُ . ‹.....› هِيَ تَأْكُلُ .

هُوَ يَطْبُخُ . ‹.....› هِيَ تَطْبُخُ .

هُوَ يَدْرُسُ . ‹.....› هِيَ تَدْرُسُ .

هُوَ يَزُورُ . ‹.....› هِيَ تَزُورُ .

هُوَ يَتَعَلَّمُ . ‹.....› هِيَ تَتَعَلَّمُ .

QUR'ANIC EXAMPLES .... تَطْبِيقَاتٌ قُرْآنِيَّةٌ

١- ﴿ ٱلَّذِى عَلَّمَ بِٱلْقَلَمِ ﴾ (ٱلعَلَق : ٤)

٢- ﴿كُلَّمَا دَخَلَ عَلَيْهَا زَكَرِيَّا ٱلْمِحْرَابَ وَجَدَ عِنْدَهَا رِزْقًا...﴾

(آلِ عِمْرَان : ٣٧)

----

* * *

On her	عَلَيْهَا		He Who	ٱلَّذِى= ٱلَّذِي
Zakariyya	زَكَرِيَّا		Taught	عَلَّمَ
The chamber	ٱلْمِحْرَابَ		By the Pen (بِ+ ٱلْقَلَمِ) ..	بِٱلْقَلَمِ
He found	وَجَدَ		* * *	
With her, at her place	عِنْدَهَا		Whenever, every time	كُلَّمَا
Sustenance, food	رِزْقًا		(He) entered	دَخَلَ

* * *

Please follow the same instructions given in Lesson One, page 4 .

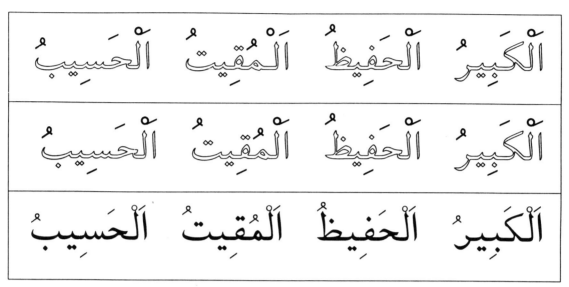

Please follow the same instructions given in Lesson One, page 5.

اَلْكَبِيرُ اَلْحَفِيظُ اَلْمُقِيتُ اَلْحَسِيبُ

اَلْكَبِيرُ اَلْحَفِيظُ اَلْمُقِيتُ اَلْحَسِيبُ

اَلْكَبِيرُ اَلْحَفِيظُ اَلْمُقِيتُ اَلْحَسِيبُ

The Reckoner. * The Maintainer, The Nourisher. * The Preserver, The Vigilant. * The Greatest.

اَلدَّرْسُ ٱلْحَادِيَ عَشَرَ

<u>اَلتَّدْرِيبُ ٱلْأَوَّلُ</u> : اِقْرَأُوا ٱلْجُمَلَ ٱلْمُرَقَّمَةَ فِي ٱلْقَائِمَةِ إِلَىٰ ٱلْيَمِينِ ، ثُمَّ ضَعُوا خَطًّا تَحْتَ ٱلْجُمْلَةِ ٱلْمُطَابِقَةِ لَهَا فِي ٱلْقَائِمَةِ إِلَىٰ ٱلْيَسَارِ :

Read aloud the numbered sentences on the right, then underline the corresponding sentence from the list on the left:

١- جُحَا وَحَمِيرُهُ ٱلْعَشْرَةُ . ›	جُحَا وَٱلْحَمِيرُ ٱلْعَشْرَةُ . جُحَا وَٱلْعَشْرَةُ حَمِير . جُحَا وَحَمِيرُهُ ٱلْعَشْرَةُ .
٢- فَرِحَ بِهَا وَسَاقَهَا أَمَامَهُ . ›	فَرِحَتْ بِهَا وَسَاقَتْهَا أَمَامَهَا . فَرِحَ بِهَا وَسَاقَهَا أَمَامَهُ . فَرِحَ بِهِ وَسَاقَهُ أَمَامَهُ .
٣- وَفِي ٱلطَّرِيقِ عَدَّ جُحَا حَمِيرَهُ.›	وَفِي ٱلطَّرِيقِ عَدَّ جُحَا ٱلْحَمِيرَ . وَفِي ٱلطَّرِيقِ عَدَّ جُحَا حَمِيرَهُ . وَفِي ٱلطَّرِيقِ عَدَّتْ حَمِيرَهُ .
٤- فَقَالَ جُحَا لِنَفْسِهِ . ›	فَقَالَ جُحَا لِنَفْسِهِ . قَال جُحَا لِنَفْسِهِ . فَقَال جُحَا نَفْسَهُ .
٥- أَمْشِي وَأَكْسِبُ حِمَاراً أَفْضَلَ. ›	أَمْشِي وَأَكْسِبُ ٱلْحِمَارَ أَفْضَلُ . أَكْسِبُ حِمَارًا وَأَمْشِي أَفْضَلُ . أَمْشِي وَأَكْسِبُ حِمَارًا أَفْضَلُ .

اَلتَّدْرِيبُ اَلثَّانِي : أَعِيدُوا تَرْتِيبَ اَلْكَلِمَاتِ لِتَكْوِينِ جُمَلٍ مُفِيدَةٍ، ثُمَّ اَكْتُبُوا اَلْجُمَلَ فِي اَلْفَرَاغَاتِ بَعْدَ اَلسَّهْمِ :

Rearrange the order of the words to produce meaningful sentences, then write then down on the spaces following the arrows :

١- حَمِيرٍ \ عَشْرَةَ \ جُحَا \ اشْتَرَى › ....

٢- بِهَا \ وَسَاقَهَا \ أَمَامَهُ \ فَرِحَ › ....

٣- مِنْهَا \ واحِداً \ رَكِبَ \ ثُمَّ › ....

٤- حَمِيرَهُ \ عَدَّ \ جُحَا \ اَلطَّرِيقِ \ فِي › ....

....

٥- فَوَجَدَهَا \ عَدَّهَا \ ثُمَّ \ عَشْرَةً › ....

٦- لِنَفْسِهِ \ فَقَالَ \ جُحَا › ....

٧- حِمَاراً \ وَأَكْسِبُ \ أَمْشِي \ أَفْضَلُ › ....

....

اَلتَّدْرِيبُ اَلثَّالِثُ : اِقْرَأُوا اَلأَسْمَاءَ اَلتَّالِيَةَ ، ثُمَّ أَضِيفُوا إِلَيْهَا " أَل اَلتَّعْرِيف " وَانْطُقُوهَا جَهْراً، ثُمَّ اَكْتُبُوهَا فِي اَلْفَرَاغِ بَعْدَ اَلسَّهْمِ كَمَا فِي اَلْمِثَال :

Read the following words , then add the definite article to each, pronounce the new word aloud twice, then write it down on the space after the arrow, following the example :

حَمِيرٌ › اَلحَمِيرُ

عَشْرَةٌ › .... وَاحِدٌ › ....

طَرِيقٌ ‹ ------------ رَاكِبٌ ‹ ------------

تِسْعَةٌ ‹ ------------ حِمَارٌ ‹ ------------

نَفْسٌ ‹ ------------ سَاحَةٌ ‹ ------------

أَرْضٌ ‹ ------------ حَمْدٌ ‹ ------------

اَلتَّدْرِيبُ ٱلرَّابِعُ : أَعِيدُوا قِرَاءَةَ نَصِّ ٱلدَّرْسِ صَفْحَة ٧٩، ثُمَّ ٱمْلأُوا ٱلْفَرَاغَاتِ فِي ٱلجُمَلِ ٱلْمُرَقَّمَةِ إِلىٰ ٱليَمِينِ بِمَا يُنَاسِبُهَا مِنَ ٱلكَلِمَاتِ ٱلْمَكْتُوبَةِ بَيْنَ قَوْسَيْنِ بَعْدَهَا :

Reread the text of the lesson on page 79, then fill in the dotted spaces in the sentences with the suitable word from those given in parenthesis :

١- .... جُحَا عَشَرَةَ حَمِيرٍ . (اِشْتَرَى \ فَرِحَ \ رَكِبَ)

٢- فَرِحَ .... وَسَاقَهَا أَمَامَهُ . (لَهَا \ بِهَا \ مِنْهَا)

٣- ثُمَّ .... وَاحِداً مِنْهَا . (وَجَدَ \ عَدَّ \ رَكِبَ)

٤- وَ .... ٱلطَّرِيقِ ، عَدَّ جُحَا حَمِيرَهُ . (أَمَامَ \ فِي \ مِنْ)

٥- عَدَّ حَمِيرَهُ فَوَجَدَهَا .... (ثَلاَثَةً \ أَرْبَعَةً \ تِسْعَةً)

٦- ثُمَّ .... وَعَدَّهَا فَوَجَدَهَا عَشَرَةً . (نَزَلَ \ رَكِبَ \ خَسِرَ)

٧- فَقَالَ جُحَا .... (لِحِمَارِهِ \ لِنَفْسِهِ \ لِلطَّرِيقِ)

٨- أَمْشِي وَأَكْسِبُ .... أَفْضَلُ . (حِمَارِي \ حَمِيرٍ \ حِمَاراً)

٩- أَمْشِي وَأَكْسِبُ حِمَاراً .... (أَكْبَرُ \ أَحْمَرُ \ أَفْضَلُ)

١٠- أَمْشِي أَفْضَلُ مِنْ أَنْ .... (أَنْزِلَ \ أَشْتَرِيَ \ أَرْكَبَ)

QUR'ANIC EXAMPLES .... تَطْبِيقَاتٌ قُرآنِيَّةٌ

١- ﴿ وَٱلْخَيْلَ وَٱلْبِغَالَ وَٱلْحَمِيرَ لِتَرْكَبُوهَا وَزِينَةً ... ﴾ (اَلنَّحْلُ : ٨)

٢- ﴿ ... فَكَفَّـٰرَتُهُ إِطْعَامُ عَشَرَةِ مَسَـٰكِينَ ... ﴾ (اَلمَائِدَةُ : ٨٩)

❀ ❀ ❀

وَٱلْخَيْلَ .... And the horses	فَكَفَّـٰرَتُهُ ...... So, its expiation
وَٱلْبِغَالَ .... And the mules	إِطْعَامُ .... The feeding (of)
وَٱلْحَمِيرَ .... And the donkeys	عَشَرَةِ .... Ten
لِتَرْكَبُوهَا ..... For you to ride them	مَسَـٰكِينَ ...... Indigents, needy
وَزِينَةً .... And for show	

❀ ❀ ❀

Please follow the same instructions given in Lesson One, page 4 .

Please follow the same instructions given in Lesson One, page 5

اَلْجَلِيلُ اَلْكَرِيمُ اَلرَّقِيبُ اَلْمُجِيبُ

اَلْجَلِيلُ اَلْكَرِيمُ اَلرَّقِيبُ اَلْمُجِيبُ

اَلْجَلِيلُ اَلْكَرِيمُ اَلرَّقِيبُ اَلْمُجِيبُ

The Responder. * The Watchful, * The Generous one, * The Sublime one,
The Guardian. The Most Generous. The Majestic.

اَلدَّرْسُ ٱلثَّانِي عَشَرَ

اَلتَّدْرِيبُ ٱلأَوَّلُ : أَعِيدُوا تَرْتِيبَ ٱلكَلِمَاتِ لِتَكْوِينِ جُمَلٍ مُفِيدَةٍ ، ثُمَّ ٱكْتُبُوا ٱلجُمَلَ فِي ٱلفَرَاغَاتِ بَعْدَ ٱلسَّهْمِ :

Rearrange the order of the words to produce meaningful sentences, then write them down on the spaces following the arrows :

١- سَمِيرَةُ \ إِلَىٰ \ ذَهَبَتْ \ ٱلسُّوق ‹ ....

٢- ٱلطُّيُور \ إِلَىٰ \ ذَهَبُوا \ دُكَّان ‹ ....

٣- عُصْفُوراً \ اشْتَرَىٰ \ لَهَا \ أَبُوهَا ‹ ....

٤- ٱلعُصْفُورَ \ قَفَص \ فِي \ وَضَعَ ‹ ....

٥- دَاخِلَ \ عَلَّقَهُ \ ثُمَّ \ ٱلبَيْتِ ‹ ....

٦- ٱلتَّالِي \ فِي \ ٱليَوْمِ ‹ ....

٧- أَنَّهُ \ وَشَعَرَتْ \ حَزِينٌ ‹ ....

٨- إِلَىٰ \ أَخَذَتِ \ ٱلحَدِيقَةِ \ ٱلقَفَصَ ‹ ....

٩- ٱلقَفَص \ بَابَ \ فَتَحَتْ ‹ ....

١٠- ٱلعُصْفُورُ \ فَطَارَ ‹ ....

١١- عَلَى \ وَحَطَّ \ شَجَرَةٍ ‹ ....

١٢- يَطِيرُ \ ٱلعُصْفُورُ \ بَدَأَ ‹ ....

١٣- سَمِيرَةُ \ يَا \ ٱلعُصْفُورُ \ أَيْنَ ‹ ....

١٤- ٱلقَفَص \ بَابَ \ فَتَحْتُ ‹ ....

١٥- يُحِبُّ \ لاَ \ ٱلعُصْفُورُ \ ٱلقَفَصَ ‹ ....

اَلتَّدْرِيبُ اَلثَّانِي : اِمْلأُوا اَلْفَرَاغَاتِ بِكِتَابَةِ اَلصُّورَةِ اَلصَّحِيحَةِ لِلْفِعْلِ مِنْ بَيْنِ اَلْأَفْعَالِ اَلْمَكْتُوبَةِ بَيْنَ قَوسَيْنِ :

Fill in the blanks by writing down on the dotted spaces the correct conjugation of the verb from among those given in parenthesis :

١- .... سَمِيرَةُ مَعَ أُسْرَتِهَا إِلَى اَلسُّوقِ . (ذَهَبْتُ \ ذَهَبَتْ \ ذَهَبَ)

٢- وَ .... جَمِيعًا إِلَى دُكَّانِ اَلطُّيُورِ . (ذَهَبُوا \ ذَهَبْتِ \ ذَهَبْتُ)

٣- .... لَهَا أَبُوهَا عُصْفُوراً . (اِشْتَرَتْ \ اِشْتَرَوْا \ اِشْتَرَى)

٤- وَ .... أَبُوهَا اَلْعُصْفُورَ فِي قَفَصٍ . (وَضَعُوا \ وَضَعَ \ وَضَعَتْ)

٥- ثُمَّ .... (هُوَ) اَلْقَفَصَ دَاخِلَ اَلْبَيْتِ . (عَلَّقُوا \ عَلَّقَتْ \ عَلَّقَ)

٦- .... سَمِيرَةُ أَنَّ عُصْفُورَهَا لاَ يُغَرِّدُ . (لاَحَظَتْ \لاَحَظْتُ\ لاَحَظَ)

٧- و .... أَنَّهُ حَزِينٌ . (شَعَرَ \ شَعَرُوا \ شَعَرَتْ)

٨- .... سَمِيرَةُ اَلْقَفَصَ إِلَى اَلْحَدِيقَةِ . (أَخَذُوا \ أَخَذَتْ \ أَخَذْتُ)

٩- .... اَلْعُصْفُورُ . (طَارَتْ \ طَارُوا \ طَارَ)

١٠- ثُمَّ .... اَلْعُصْفُورُ يَطِيرُ فِي اَلسَّمَاءِ . (بَدَأَ \ بَدَأَتْ \ بَدَأُوا)

١١- وَفِي اَلْمَسَاءِ .... أَبُو سَمِيرَةَ مِنَ اَلْعَمَلِ . (عَادَتْ \عَادَ \ عَادُوا)

١٢- قَالَتْ سَمِيرَةُ .... بَابَ اَلْقَفَصِ . (فَتَحْتُ \ فَتَحَ \ فَتَحَتْ)

اَلتَّدْرِيبُ اَلثَّالِثُ : اِقْرَأُوا جَهْراً كُلَّ كَلِمَةٍ مِنَ اَلْكَلِمَاتِ دَاخِلَ اَلشَّكْلِ ، ثُمَّ ضَعُوهَا فِي مَكَانِهَا اَلْمُنَاسِبِ مِنَ اَلْجُمَلِ اَلتَّالِيَةِ :

Read aloud each word in the box below, then choose the right word to fill in the blanks in the sentences which follow :

مَعَ - إِلىٰ - دَاخِلَ - فِي - أَنَّ
لاَ - مِنْ - أَيْنَ - يَا - إِنَّ - ثُمَّ

١- ذَهَبَتْ سَمِيرَةُ .... أُسْرَتِهَا .... اَلسُّوق .

٢- وَذَهَبُوا جَمِيعاً .... دُكَّانِ اَلطُّيُورِ .

٣- وَوَضَعَ اَلْعُصْفُورَ .... قَفَصٍ ذَهَبِيٍّ جَمِيلٍ .

٤- ثُمَّ عَلَّقَ اَلْقَفَصَ .... اَلْبَيْتِ .

٥- فِي اَلْيَوْمِ اَلتَّالِي، لاَحَظَتْ سَمِيرَةُ .... عُصْفُورَهَا .... يُغَرِّدُ .

٦- أَخَذَتْ سَمِيرَةُ اَلْقَفَصَ .... اَلْحَدِيقَةِ .

٧- .... بَدَأَ اَلْعُصْفُورُ يَطِيرُ .... اَلسَّمَاءِ .

٨- وَفِي اَلْمَسَاءِ ، عَادَ أَبُو سَمِيرَةَ .... اَلْعَمَلِ .

٩- .... اَلْعُصْفُورُ .... سَمِيرَةُ ؟

١٠- .... اَلْعَصَافِيرَ لاَ تُحِبُّ اَلأَقْفَاصَ .

اَلتَّدْرِيبُ اَلرَّابِعُ : رَتِّبُوا اَلْجُمَلَ اَلآتِيَةَ لِتُصْبِحَ قِصَّةً مُسَلْسَلَةً ، ثُمَّ اكْتُبُوا اَلْقِصَّةَ كَامِلَةً فِي كُرَّاسَاتِكُمْ وَارْسُمُوا بَعْضَ اَلصُّوَرِ اَلَّتِي تُنَاسِبُ اَلْقِصَّةَ :

Arrange the following sentences to create a meaningful story. Then write the final version of the story down on a sheet of paper accompanied by some related drawings :

١- وَفِي اَلْمَسَاءِ ، عَادَ أَبُو سَمِيرٍ مِنَ اَلْعَمَلِ .

٢- أَيْنَ اَلْعُصْفُورُ يَا سَمِيرُ ؟ ٣- وَقَالَ لِسَمِيرٍ :

٤- ذَهَبَ سَمِيرٌ مَعَ أُسْرَتِهِ إِلَىٰ دُكَّانِ ٱلطُّيُورِ .

٥- ثُمَّ عَلَّقَ ٱلقَفَصَ فَوْقَ شُبَّاكِ غُرْفَتِهِ .

٦- اِشْتَرَىٰ لَهُ أَبُوهُ عُصْفُوراً جَمِيلاً لَوْنُهُ أَحْمَرُ .

٧- وَوَضَعَ ٱلعُصْفُورَ فِي قَفَصٍ ذَهَبِيٍّ .

٨- وَشَعَرَ أَنَّهُ حَزِينٌ .

٩- وَفِي ٱليَوْمِ ٱلتَّالِي ، لاَحَظَ سَمِيرٌ أَنَّ عُصْفُورَهُ لاَ يُغَرِّدُ .

١٠- وَأَطْلَقَ سَرَاحَ ٱلعُصْفُورِ . ١١- فَتَحَ سَمِيرٌ بَابَ ٱلقَفَصِ .

ٱلتَّدْرِيبُ ٱلخَامِسُ : ٱلتَّرَاكِيبُ ٱلتَّالِيَةُ تَحْتَوِي عَلَى ضَمَائِرَ مُتَّصِلَةٍ . ضَعُوا دَائِرَةً حَوْلَ كُلِّ مِنْهَا، ثُمَّ ٱرْجِعُوا إِلَىٰ نَصِّ ٱلدَّرْسِ وَحَاوِلُوا تَرْجَمَةَ مَعْنَاهُ إِلَىٰ ٱلأَنْجِلِيزِيَّةِ ، كَمَا فِي ٱلنَّمُوذَجِ :

The following structures contain suffix pronouns. Identify these pronouns by circling them. Then refer to the text of the lesson to see how best can you translate each pronoun into English. Please follow the example :

Her = أُسْرَتِهَا

ذَهَبُوا = ...	أَبِي = ...	أَنَّهُ = ...
بِنْتَهُ = ...	فَتَحْتُ = ...	أَبُوهَا = ...
لَهَا = ...	إِنَّهَا = ...	أَطْلَقْتُ = ...
لَوْنُهُ = ...	أَخَذَتْ = ...	لاَحَظَتْ = ...
شَعَرَتْ = ...	فَتَحَتْ = ...	عُصْفُورَهَا = ...

QUR'ANIC EXAMPLES .... تَطْبِيقَاتٌ قُرآنِيَّةٌ

١- ﴿ وَٱلسَّمَاءَ رَفَعَهَا وَوَضَعَ ٱلْمِيزَانَ ﴾ (الرَّحمٰنُ : ٧)

٢- ﴿ ... يُوقَدُ مِنْ شَجَرَةٍ مُّبَـٰرَكَةٍ زَيْتُونَةٍ ... ﴾ (النُّورُ : ٣٥)

It is lit .... يُوقَدُ

From .... مِنْ

Tree .... شَجَرَةٍ

Blessed .... مُبَارَكَةٍ

An olive tree .... زَيْتُونَةٍ

And the Sky .... وَٱلسَّمَاءَ

He raised high .... رَفَعَهَا

And He has set up .... وَوَضَعَ

The Balance, Scale ..... ٱلْمِيزَانَ

❀ ❀ ❀

Please follow the same instructions given in Lesson One, page 4.

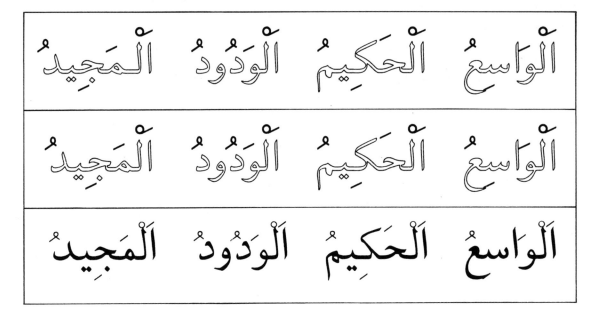

Please follow the same instructions given in Lesson One, page 5

اَلْوَاسِعُ	اَلْحَكِيمُ	اَلْوَدُودُ	اَلْمَجِيدُ
اَلْوَاسِعُ	اَلْحَكِيمُ	اَلْوَدُودُ	اَلْمَجِيدُ
اَلْوَاسِعُ	اَلْحَكِيمُ	اَلْوَدُودُ	اَلْمَجِيدُ

The Most Glorious * The Very Loving * The Wise. * The All-Embracing. One.

اَلدَّرْسُ ٱلثَّالِثَ عَشَرَ

اَلتَّدْرِيبُ ٱلأَوَّلُ : اِقْرَأُوا ٱلجُمَلَ ٱلمُرَقَّمَةَ فِي ٱلقَائِمَةِ إِلىٰ ٱليَمِينِ ، ثُمَّ ضَعُوا خطًّا تَحْتَ ٱلجُمْلَةِ ٱلمُطَابِقَةِ لَهَا فِي ٱلقَائِمَةِ إِلَى ٱليَسَارِ :

Read aloud the numbered sentences in the right column, then underline the corresponding sentence from the list on the left :

١- صَبَاحَ ٱلخَيْرِ يَا جَارَنَا . ›

صَبَاحَ ٱلنُّورِ يَا جَارَنَا .
صَبَاحَ ٱلخَيْرِ يَا جَارِي .
صَبَاحَ ٱلخَيْرِ يَا جَارَنَا .

٢- أَنْتَ سَاكِنٌ جَدِيدٌ هُنا . ›

أَنْتَ سَاكِنٌ جَدِيدٌ هُنَا .
أَنْتَ سَاكِنٌ جَدِيدٌ هُنَاكَ .
أَنْتِ سَاكِنَةٌ جَدِيدَةٌ هُنَا .

٣-اِشْتَرَيْنَا ٱلبَيْتَ ٱلشَّهْرَ ٱلمَاضِي. ›

اِشْتَرَيْنَا ٱلبَيْتَ هٰذَا ٱلشَّهْرَ.
اِشْتَرَيْنَا ٱلبَيْتَ ٱلأُسْبُوعَ ٱلمَاضِي.
اِشْتَرَيْنَا ٱلبَيْتَ ٱلشَّهْرَ ٱلمَاضِي .

٤- هَلْ أَنْتَ أَمْرِيكِيٌّ يَا عُمَرُ ؟ ›

هَلْ أَنْتَ أَمْرِيكِيٌّ يَا عُمَرُ ؟
هَلْ أَنْتَ لُبْنَانِيٌّ يَا عُمَرُ ؟
هَلْ أَنْتَ فِلِسْطِينِيٌّ يَا عُمَرُ ؟

٥- سَوْفَ نَفْعَلُ ذٰلِكَ إِنْ شَاءَ ٱللّٰهُ . ›

سَوْفَ نَفْعَلُ ذٰلِكَ إِذَا شَاءَ ٱللّٰهُ .
سَوْفَ تَفْعَلُ ذٰلِكَ إِنْ شَاءَ ٱللّٰهُ .
سَوْفَ نَفْعَلُ ذٰلِكَ إِنْ شَاءَ ٱللّٰهُ .

اَلتَّدْرِيبُ ٱلثَّانِي : أَعِيدُوا تَرْتِيبَ ٱلْكَلِمَاتِ لِتَكْوِينِ جُمَلٍ مُفِيدَةٍ ثُمَّ ٱكْتُبُوا ٱلْجُمَلَ فِي ٱلْفَرَاغَاتِ بَعْدَ ٱلسَّهْمِ :

Rearrange the order of the words to produce meaningful sentences, then write them down on the spaces following the arrows :

١- جَارَنَا \ يَا \ ٱلْخَيْرِ \ صَبَاحَ ‹ -------------------------.

٢- هُنَا \ هَلْ \ سَاكِنٌ \ أَنْتَ ‹ ------------------------------------؟

٣- ٱلْمَاضِي \ ٱلْبَيْتَ \ ٱلشَّهْرَ \ هٰذَا \ اِشْتَرَيْنَا ‹ ------------------

--.

٤- أُسْبُوعٍ \ قَبْلَ \ إِلَيْهِ \ اِنْتَقَلْنَا ‹ ---------------------------.

٥- حَيِّنَا \ بِكَ \ فِي \ مَرْحَباً ‹ -----------------------------.

٦- أَنْ \ ٱلْمَكَانُ \ يُعْجِبَكَ \ أَرْجُو ‹ ---------------------------.

٧- مُهَاجِرٌ \ فِلَسْطِينَ \ مِنْ \ أَنَا ‹ ---------------------------.

٨- غَداً \ تَزُورَنَا \ يُسْعِدُنَا \ أَنْ ‹ ----------------------------.

٩- نَفْعَلُ \ سَوْفَ \ ٱللّٰهُ \ شَاءَ \ إِنْ ‹ --------------------------

------------------------------------.

اَلتَّدْرِيبُ ٱلثَّالِثُ : حَوِّلُوا صِفَاتِ ٱلنِّسْبَةِ ٱلْمُذَكَّرَةَ إِلَىٰ صِفَاتٍ مُؤَنَّثَةٍ كَمَا فِي ٱلْمِثَالِ :

Change the masculine forms of the relative adjectives to their feminine counterparts as in the given example :

أَنَا أَمْرِيكِيٌّ . ‹ أَنَا أَمْرِيكِيَّةٌ .

هُوَ لُبْنَانِيٌّ . ‹ هِيَ ....

هَلْ أَنْتَ فِلَسْطِينِيٌّ ؟ › هَلْ أَنْتِ .... ؟

أَنَا أَمْرِيكِيٌّ . › أَنَا ....

هُوَ مِصْرِيٌّ . › هِيَ ....

هَلْ أَنْتَ فَرَنْسِيٌّ؟ › هَلْ أَنْتِ .... ؟

أَنَا سُودَانِيٌّ . › أَنَا ....

هُوَ تُونِسِيٌّ . › هِيَ ....

هَلْ أَنْتَ سُورِيٌّ ؟ › هَلْ أَنْتِ .... ؟

أَنَا كُوَيْتِيٌّ . › أَنَا ....

هُوَ عِرَاقِيٌّ . › هِيَ ....

هُوَ سَعُودِيٌّ . › هِيَ ....

اَلتَّدْرِيبُ ٱلرَّابِعُ : أَضِيفُوا أَدَاةَ ٱلأِسْتِقْبَالِ (سَوْفَ) لِتَحْوِيلِ ٱلأَفْعَالِ ٱلْمُضَارِعَةِ إِلىٰ ٱلزَّمَنِ ٱلْمُسْتَقْبَلِ :

Add the particle (سَوْفَ) before the imperfect indicative forms of verbs to make future tense:

١- .... نَفْعَلُ ذٰلِكَ إِنْ شَاءَ ٱللّٰهُ .

٢- .... أَزُورُكَ غَداً بَعْدَ ٱلْمَدْرَسَةِ .

٣- .... تَذْهَبُ مَعَ أُسْرَتِهَا إِلَى أَمْرِيكَا .

٤- .... أَطْبُخُ لَكَ طَعَاماً طَيِّباً .

٥- .... يَزُورُ جَدَّهُ وَجَدَّتَهُ فِي ٱلْمَزْرَعَةِ .

٦- .... يَفْتَحُ شُبَّاكَ غُرْفَتِهِ .

٧- .... يَعِيشُ مَعَ أُسْرَتِهِ فِي ٱلبَيْتِ ٱلجَدِيدِ .

٨- .... أَحْلِبُ ٱلبَقَرَةَ ٱلسَّمِينَةَ .

٩- .... يَشْتَرِي لأَوْلَادِهِ ثِيَاباً وَطَعَاماً .

١٠- .... نَزُورُ جَارَنَا ٱلجَدِيدَ .

١١- .... نَصْحُو مِنَ ٱلنَّوْمِ مُبَكِّراً .

اَلتَّدْرِيبُ ٱلرَّابِعُ : صِلُوا بَيْنَ عِبَارَاتِ ٱلمَجْمُوعَةِ (أ) وَمَا يُنَاسِبُهَا مِنْ عِبَارَاتِ ٱلمَجْمُوعَةِ (ب) لِتَكْوِينِ جُمَلٍ مُفِيدَةٍ :

Connect the phrases from column (أ) with the corresponding phrases from column (ب) to form full meaningful sentences :

(أ)	(ب)
هَلْ أَنْتَ ...	يَا جَارُنَا .
اِشْتَرَيْنَا هٰذَا ٱلبَيْتَ ...	وَسَهْلاً بِكَ .
أَرْجُو أَنْ ...	غَداً إِنْ شَاءَ ٱللّٰهُ .
نَعَمْ ، ...	أَنَا أَمْرِيكِيٌّ .
صَبَاحَ ٱلخَيْرِ...	سَاكِنٌ جَدِيدٌ هُنَا ؟
أَهْلاً ...	يُعْجِبُكَ ٱلمَكَانُ .
سَوْفَ نَفْعَلُ ذٰلِكَ ...	أَلشَّهْرَ ٱلمَاضِي .

QUR'ANIC EXAMPLES .... تَطْبِيقَاتٌ قُرآنِيَّةٌ

١- ﴿ .... ٱرْكَعُوا وَٱسْجُدُوا وَٱعْبُدُوا رَبَّكُمْ وَٱفْعَلُوا ٱلخَيْرَ ...﴾ (اَلحجُّ : ٧٧)

٢- ﴿ .... وَسَوفَ يُؤْتِ ٱللَّهُ ٱلمُؤْمِنِينَ أجْراً عَظِيماً ﴾ (اَلنِّسَاءُ : ١٤٦)

❀ ❀ ❀

Bow down (you pl.)	ٱرْكَعُوا	And...will	وَسَوْفَ
And prostrate (you pl.)	وَٱسْجُدُوا	Grant, give	يُؤْتِ
And worship (you pl.)	وَٱعْبُدُوا	Allah	ٱللَّهُ
Your (pl.) Lord	رَبَّكُمْ	The Believers	ٱلمُؤْمِنِينَ
And do (you pl.)	وَٱفْعَلُوا	Reward	أجْراً
The Good	ٱلخَيْرَ	Great	عَظِيمًا

❀ ❀ ❀

Please follow the same instructions given in Lesson One, page 4.

Please follow the same instructions given in Lesson One, page 5.

اَلْبَاعِثُ اَلشَّهِيدُ اَلْحَقُّ اَلْوَكِيلُ

اَلْبَاعِثُ اَلشَّهِيدُ اَلْحَقُّ اَلْوَكِيلُ

اَلْبَاعِثُ اَلشَّهِيدُ اَلْحَقُّ اَلْوَكِيلُ

The Trustee. * The Truth. * The Witness. * The Resurrector.

اَلدَّرْسُ ٱلرَّابِعَ عَشَرَ

اَلتَّدْرِيبُ ٱلأَوَّلُ : أَعِيدُوا تَرْتِيبَ ٱلكَلِمَاتِ لِتَكْوِينِ جُمَلٍ مُفِيدَةٍ ، ثُمَّ ٱكْتُبُوا ٱلجُمَلَ فِي ٱلفَرَاغَاتِ بَعْدَ ٱلسَّهْمِ :

Rearrange the order of the words to produce meaningful sentences, then write them down on the spaces following the arrows :

١- عَنْ \ تَبْحَثُ \ خَرَجَتْ \ دَجَاجَةٌ \ حَبٍّ ‹ -------------------

.---------------------------------------

٢- مَاكِرٌ \ ثَعْلَبٌ \ فَرَآهَا ‹ --------------------------------.

٣- مُخْتَفِياً \ وَرَاءَ \ كَانَ \ ٱلدَّجَاجِ \ حَظِيرَةِ ‹ ----------------

.---------------------------------------

٤- نَحْوَهَا \ لِيَأْكُلَهَا \ تَسَلَّلَ ‹ --------------------------------.

٥- ٱلدَّجَاجَةُ \ فَرَأَتْهُ \ مَاذَا \ وَعَرَفَتْ \ يُرِيدُ ‹ ----------------

.---------------------------------------

٦- أَيُّهَا \ لَهُ \ فَقَالَتْ \ ٱلجَمِيلُ \ ٱلثَّعْلَبُ ‹ -------------------

.---------------------------------------

٧- مَعِي \ إِلَى \ تَعَالَ \ ٱلبَيْتِ \ هٰذَا \ ٱلقَرِيبِ ‹ --------------

.---------------------------------------

٨- كَثِيرٌ \ دَجَاجٌ \ فَهُنَاكَ ‹ --------------------------------.

٩- مَعَهَا \ فَصَدَّقَهَا \ وَسَارَ ‹ --------------------------------.

١٠- مُسْرِعاً \ ٱلثَّعْلَبُ \ فَفَرَّ ‹ --------------------------------.

اَلتَّدْرِيبُ ٱلثَّانِي : اِمْلَأُوا ٱلفَرَاغَاتِ فِي ٱلجُمَلِ ٱلتَّالِيَةِ بِٱخْتِيَارِ ٱلكَلِمَةِ ٱلمُنَاسِبَةِ مِنَ ٱلكَلِمَاتِ بَيْنَ قَوْسَيْنِ :

Fill in the dotted spaces in the following sentences with the apropriate word from those given in parenthesis :

١- .... دَجَاجَةٌ تَبْحَثُ عَنْ حَبٍّ . (خَرَجَ \ خَرَجْتُ \ خَرَجَتْ)

٢- فَرَآهَا .... مَاكِرٌ . (دَجَاجَةٌ \ ثَعْلَبٌ \ دَجَاجٌ)

٣- فَرَأَتْهُ ٱلدَّجَاجَةُ وَعَرَفَتْ .... يُرِيدُ . (مَاذَا \ مَا \ عِنْدَمَا)

٤- فَـ .... لَهُ : أَيُّهَا ٱلثَّعْلَبُ ٱلجَمِيلُ : (قَالَ \ قَالَتْ \ فَرَّتْ)

٥- تَعَالَ مَعِي .... هٰذَا ٱلبَيْتِ ٱلقَرِيبِ . (مِنْ \ فِي \ إِلَى)

٦- فَهُنَاكَ دَجَاجٌ كَثِيرٌ .... لَذِيذٌ . (طَعْمُهُ \ تَأْكُلُهُ فَرَأَتْهُ)

٧- وَتَسْتَطِيعُ أَنْ تَأْخُذَ مِنْهُ مَا .... (تَبْحَثُ \ تُرِيدُ \ تَمْشِي)

٨- فَصَدَّقَهَا ٱلثَّعْلَبُ وَسَارَ .... (مَعَهُ \ مَعَهَا \ مَعِي)

٩- وَ .... رَآهُ ٱلكَلْبُ هَجَمَ عَلَيْهِ . (وَهٰكَذَا \ وَهُنَاكَ \ وَعِنْدَمَا)

١٠- فَفَرَّ ٱلثَّعْلَبُ .... (مُخْتَفِياً \ مُسْرِعًا \ مَاكِراً)

١١- وَهٰكَذَا .... ٱلدَّجَاجَةُ بِحِيلَتِهَا . (مَشَتْ \ رَأَتْ \ نَجَتْ)

اَلتَّدْرِيبُ ٱلثَّالِثُ : بِمُلَاحَظَةِ ٱلعَلَاقَةِ بَيْنَ ضَمَائِرِ ٱلرَّفْعِ ٱلمُنْفَصِلَةِ وَٱلفِعْلِ فِي ٱلدَّائِرَةِ ٱلكَبِيرَةِ وَٱلضَّمَائِرِ ٱلمُتَّصِلَةِ فِي ٱلدَّوَائِرِ ٱلصَّغِيرَةِ يُمْكِنُكُمُ ٱلتَّدَرُّبُ عَلَىٰ صِيَاغَةِ خَمْسِ صُوَرٍ لِتَصْرِيفِ ٱلفِعْلِ ٱلمَاضِي . أُكْتُبُوا تِلْكَ ٱلصِّيَغَ فِي ٱلفَرَاغَاتِ :

Observing the relationship between the independent pronouns, the verb in the large circle and the suffix pronouns in the small circles, you will be able to practice five related conjugations of the perfect verb. Write them down on the dotted spaces according to the order of the subjects from top to bottom :

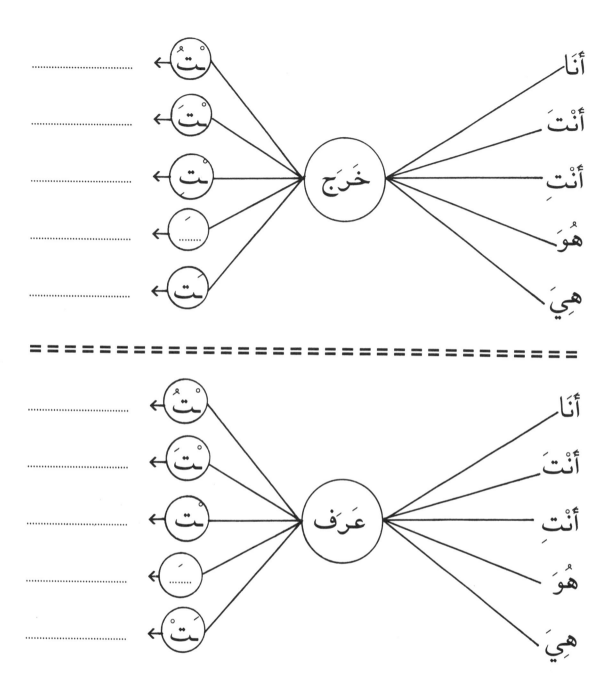

أَنَا
أَنْتَ
أَنْتِ
هُوَ
هِيَ
خَرَجَ
ـتُ
ـتَ
ـتِ
ـتْ

==================================

أَنَا
أَنْتَ
أَنْتِ
هُوَ
هِيَ
عَرَفَ
ـتُ
ـتَ
ـتِ
ـتْ

اَلتَّدْرِيبُ ٱلرَّابِعُ : رَتِّبُوا ٱلْجُمَلَ ٱلْآتِيَةَ لِتُصْبِحَ قِصَّةً مُسَلْسَلَةً ، ثُمَّ ٱكْتُبُوا ٱلْقِصَّةَ كَامِلَةً فِي كُرَّاسَاتِكُمْ ، وَٱرْسُمُوا بَعْضَ ٱلصُّوَرِ ٱلَّتِي تُنَاسِبُ ٱلْقِصَّةَ :

Arrange the following sentences in the right order to make from all of them a meaningful story . Then write the final version of the story down on a sheet of paper accompanied by some related drawings . Give the story a suitable title in Aabic :

١- فَقَالَ ٱلدِّيكُ : أَيُّهَا ٱلثَّعْلَبُ ٱلجَمِيلُ :

٢- وَهٰكَذا نَجَا ٱلدِّيكُ مِنَ ٱلمَوْتِ بِحِيلَتِهِ .

٣- خَرَجَ دِيكٌ مِنْ حَظِيرَتِهِ لِيَبْحَثَ عَنْ حَبٍّ يَأْكُلُهُ .

٤- تَعَالَ مَعِي إِلَى حَظِيرَةٍ قَرِيبَةٍ، فَهُنَاكَ دَجَاجٌ كَثِيرٌ طَعْمُهُ لَذِيذٌ .

٥- فَفَرَّ ٱلثَّعْلَبُ مُسْرِعًا .

٦- وَتَسْتَطِيعُ أَنْ تَأْكُلَ مِنْهُ كُلَّ مَا تُرِيدُ .

٧- فَرَآهُ ثَعْلَبٌ مَاكِرٌ كَانَ مُخْتَفِياً وَرَاءَ ٱلحَظِيرَةِ .

٨- فَصَدَّقَهُ ٱلثَّعْلَبُ وَسَارَ مَعَهُ .

٩- وَعِنْدَمَا رَأَى ٱلكَلْبُ ٱلثَّعْلَبَ ، نَبَحَ وَهَجَمَ عَلَيْهِ لِيَقْتُلَهُ .

١٠- وَكَانَ فِي ذٰلِكَ ٱلمَكَانِ كَلْبٌ ضَخْمٌ قَوِيٌّ .

١١- فَرَآهُ ٱلدِّيكُ وَعَرَفَ مَاذَا يُرِيدُ .

١٢- وَعِنْدَمَا شَاهَدَ ٱلثَّعْلَبُ ٱلدِّيكَ ، تَسَلَّلَ نَحْوَهُ لِيَأْكُلَهُ .

تَطْبِيقَاتٌ قُرآنِيَّةٌ.......... QUR'ANIC EXAMPLES

١- ﴿ كُلُّ نَفْسٍ ذَآئِقَةُ ٱلْمَوْتِ ..... ﴾ (ٱلأَنْبِيَاءُ : ٣٥)

٢- ﴿ لَقَدْ كَانَ فِي قَصَصِهِمْ عِبْرَةٌ لِأُوْلِي ٱلأَلْبَٰبِ ..... ﴾ (يُوسُفُ : ١١١)

---

* * *

كُلُّ .... Every

نَفْسٌ .... Soul

ذَائِقَةٌ .... Shall have a taste of

ٱلْمَوْتِ .... The Death

***

لَقَدْ .... Surely, indeed

كَانَ .... There was

فِي .... In

قَصَصِهِمْ .... Their Stories

لِأُوْلِي .... For fellows of

ٱلأَلْبَابِ . Understanding, reason

* * *

Please follow the same instructions given in Lesson One, page 4 .

Please follow the same instructions given in Lesson One, page 5.

اَلقَوِىُّ اَلـمَتِينُ اَلوَلِىُّ اَلحَمِيدُ

اَلْقَوِىُّ اَلْمَتِينُ اَلْوَلِىُّ اَلْحَمِيدُ

اَلْقَوِىُّ اَلْمَتِينُ اَلْوَلِىُّ اَلْحَمِيدُ

The Praiseworthy. * The Protecting Friend, The Patron. * The Firm One. * The Strong, Almighty.

اَلدَّرْسُ ٱلخَامِسَ عَشَرَ

اَلتَّدْرِيبُ الأَوَّلُ : بِنَاءً عَلَى قِرَاءَتِكُمْ لِنَصِّ ٱلدَّرْسِ، صِلُوا بَيْنَ عِبَارَاتِ المَجْمُوعَةِ (أ) وَمَا يُنَاسِبُهَا مِنْ عِبَارَاتِ ٱلمَجْمُوعَةِ (ب) :

Based on your reading of the text of the lesson, match each phrase from column (أ) with a phrase from column (ب) to form full meaningful sentence :

(أ)	(ب)
قَرَّرَ فَرِيقُ ٱلكَشَّافَةِ فِي مَدْرَسَتِنَا...	بَعْدَ أَرْبَعِ سَاعَاتٍ .
أَعَدُّوا لَوَازِمَ ٱلرِّحْلَةِ ...	شَاطِىءِ بُحَيْرَةٍ جَمِيلَةٍ .
وَصَلُوا مَعَ مُشْرِفِهِمْ إِلَى ٱلمُعَسْكَرِ...	وَأَنْشَدُوا بَعْضَ الأَنَاشِيدِ .
اَلمُعَسْكَرُ مَكَانٌ جَمِيلٌ ...	لَعِبَ التَّلَامِيذُ كُرَةَ ٱلقَدَمِ .
يَقَعُ ٱلمُعَسْكَرُ عَلَى ...	صَلَّوْا جَمِيعاً صَلَاةَ ٱلجُمُعَةِ .
أَقَامَ ٱلكَشَّافَةُ خَيْمَةً كَبِيرَةً ...	اَلقِيَامَ بِرِحْلَةٍ كَشْفِيَّةٍ .
لَعِبُوا بَعْضَ ٱلأَلْعَابِ ٱلمُسَلِّيَةِ ...	فِي ٱلخَيْمَةِ ٱلكَبِيرَةِ .
وَفِي صَبَاحِ يَوْمِ ٱلجُمُعَةِ ...	وَذَهَبُوا سَيْراً عَلَى ٱلأَقْدَامِ .
وَعِنْدَ الظُّهْرِ ...	فِيهِ شَجَرٌ كَثِيرٌ وَمَلْعَبٌ كَبِيرٌ.
ثُمَّ تَنَاوَلُوا طَعَامَ ٱلغَدَاءِ ...	وَعَشْرَ خِيَامٍ صَغِيرَةٍ .

اَلتَّدْرِيبُ ٱلثَّانِي : أَعِيدُوا تَرْتِيبَ ٱلكَلِمَاتِ لِتَكْوِينِ جُمَلٍ مُفِيدَةٍ ، ثُمَّ ٱكْتُبُوا ٱلجُمَلَ فِي ٱلفَرَاغَاتِ بَعْدَ ٱلسَّهْمِ :

Rearrange the order of the words to produce meaningful sentences, then write them down on the spaces following the arrows :

١- ‹ ٱلْكَشَّافَةِ \ قَرَّرَ \ فَرِيقٌ \ بِرِحْلَةٍ \ ٱلْقِيَامَ › ---------------

----

٢- ‹ ٱلرِّحْلَةِ \ لَوَازِمَ \ أَعَدُّوا › ---------------

٣- ‹ ٱلْمُعَسْكَرُ \ إِلَى \ سَيْراً \ عَلَى \ وَذَهَبُوا \ ٱلْأَقْدامِ › ---------------

----

٤- ‹ أَرْبَعِ \ وَصَلُوا \ سَاعَاتٍ \ بَعْدَ \ ٱلْمُعَسْكَرِ \ إِلَى › ---------------

----

٥- ‹ جَمِيلٌ \ ٱلْمُعَسْكَرُ \ مَكَانٌ › ---------------

٦- ‹ جَمِيلَةٍ \ عَلَى \ بُحَيْرَةٍ \ شَاطِئِ \ وَيَقَعُ › ---------------

----

٧- ‹ كَبِيرَةً \ نَصَبَ \ خَيْمَةً \ ٱلْكَشَّافَةُ › ---------------

----

٩- ‹ ذٰلِكَ \ بَعْدَ \ ٱلْمُسَلِّيَةِ \ لَعِبُوا \ ٱلْأَلْعَابِ \ بَعْضَ › ---------------

----

١٠- ‹ ٱلتَّلَامِيذُ \ ٱلْقَدَمِ \ لَعِبَ \ كُرَةَ › ---------------

----

١١- ‹ ٱلْبُحَيْرَةِ \ فِي \ وَسَبَحُوا › ---------------

١٢- ‹ بُيُوتِهِمْ \ إِلَى \ رَجَعُوا \ ثُمَّ › ---------------

----

ٱلتَّدْرِيبُ ٱلثَّالِثُ : امْلأُوا ٱلفَرَاغَاتِ فِي ٱلجُمَلِ ٱلتَّالِيَةِ بِٱلكَلِمَةِ ٱلمُنَاسِبَةِ مِنْ بَيْنِ ٱلكَلِمَاتِ ٱلَّتِي بَيْنَ قَوْسَيْنِ :

Fill in the dotted spaces in the following sentences with the appropriate word of those given in parenthesis :

١- رِحْلَةٌ .... مُعَسْكَرِ ٱلكَشَّافَةِ . (عَلَى \ إِلَى \ فِي)

٢- فِي ٱلأُسْبُوعِ ٱلمَاضِي .... فَرِيقُ ٱلكَشَّافَةِ ٱلقِيَامَ بِرِحْلَةٍ .

(قَرَّرُوا \ قَرَّرَ \ قَرَّرَتْ)

٣- بَعْدَ ظُهْرِ ٱلخَمِيسِ .... لَوَازِمَ ٱلرِّحْلَةِ .

(أَعَدُّوا \ أَعَدَّ \ ذَهَبُوا)

٤- ذَهَبُوا إِلَى ٱلمُعَسْكَرِ سَيْراً .... ٱلأَقْدَامِ . (عَلَى \ إِلَى \ فِي)

٥- وَصَلُوا إِلَى ٱلمُعَسْكَرِ .... أَرْبَعِ سَاعَاتٍ . (مَعَ \ بَعْدَ \ ثُمَّ)

٦- اَلمُعَسْكَرُ .... جَمِيلٌ . (شَجَرٌ \ مَلْعَبٌ \ مَكَانٌ)

٧- اَلمُعَسْكَرُ .... عَلَى شَاطِئِ بُحَيْرَةٍ جَمِيلَةٍ .

(يَسْبَحُ \ يَقَعُ \ يَلْعَبُ)

٨- أَقَامَ ٱلكَشَّافَةُ خَيْمَةً .... وَعَشْرَ خِيَامٍ صَغِيرَةٍ .

(صَغِيرَةٍ \ جَمِيلَةٍ \ كَبِيرَةٍ)

٩- ثُمَّ ٱسْتَرَاحُوا .... طَعَامَ ٱلعَشَاءِ .

(وَلَعِبُوا \ وَتَنَاوَلُوا \ وَوَصَلُوا)

١٠- بَعْدَ ذٰلِكَ، .... بَعْضَ ٱلأَلْعَابِ ٱلمُسَلِّيَةِ .

(لَعِبُوا \ أَنْشَدُوا \ نَامُوا)

١١- وَفِي صَبَاحِ يَوْمِ ٱلْجُمُعَةِ ، سَبَحُوا فِي ....

(ٱلْمَلْعَبِ \ ٱلْبُحَيْرَةِ \ ٱلْمُعَسْكَرِ)

١٢- وَفِي ٱلْمَسَاءِ .... إِلَى بُيُوتِهِمْ .

(صَلَّوْا \ تَنَاوَلُوا \ رَجَعُوا)

ٱلتَّدْرِيبُ ٱلرَّابِعُ : بِنَاءً عَلَى قِرَاءَتِكُمْ لِنَصِّ ٱلدَّرْسِ ، ٱكْتُبُوا عَلَامَةَ صَوَابٍ (✓) أَوْ خَطَأً (X) بَيْنَ ٱلْقَوْسَيْنِ إِلَى جَانِبِ كُلِّ جُمْلَةٍ :

Based on your reading of the text of the lesson, write the sign (✓) to indicate if the statement is correct or the sign (X) to indicate that the statement is false :

١- ذَهَبَ فَرِيقُ ٱلْكَشَّافَةِ إِلَى ٱلْمُعَسْكَرِ بَعْدَ ظُهْرِ يَوْمِ ٱلْجُمُعَةِ. ( )

٢- ذَهَبُوا إِلَى ٱلْمُعَسْكَرِ سَيْراً عَلَى ٱلْأَقْدَامِ . ( )

٣- وَصَلُوا مَعَ مُشْرِفِهِمْ إِلَى ٱلْمُعَسْكَرِ بَعْدَ عَشْرِ سَاعَاتٍ . ( )

٤- ٱلْمُعَسْكَرُ مَكَانٌ جَمِيلٌ ، فِيهِ شَجَرٌ كَثِيرٌ . ( )

٥- أَقَامَ ٱلْكَشَّافَةُ خَيْمَةً صَغِيرَةً وَعَشْرَ خِيَامٍ كَبِيرَةٍ . ( )

٦- لَعِبَ ٱلتَّلَامِيذُ كُرَةَ ٱلْقَدَمِ وَلُعْبَةَ شَدِّ ٱلْحَبْلِ . ( )

٧- أَكَلُوا فِي ٱلْبُحَيْرَةِ . ( )

٨- عِنْدَ ظُهْرِ يَوْمِ ٱلْجُمُعَةِ ، صَلَّوْا جَمِيعًا صَلَاةَ ٱلْجُمُعَةِ . ( )

٩- ثُمَّ تَنَاوَلُوا طَعَامَ ٱلْغَدَاءِ فِي خَيْمَةٍ صَغِيرَةٍ . ( )

١٠- رَجَعَ ٱلْكَشَّافَةُ إِلَى بُيُوتِهِمْ مَسَاءَ يَوْمِ ٱلْجُمُعَةِ . ( )

اَلتَّدْرِيبُ ٱلخَامِسُ : اِقْرَأُوا نَصَّ ٱلدَّرْسِ (صَفْحَة ١١٧-١١٨ مِنْ كِتَابِ ٱلقِرَاءَةِ ، ثُمَّ أَجِيبُوا كِتَابِيًا عَنِ ٱلأَسْئِلَةِ ٱلتَّالِيَةِ فِي كُرَّاسَاتِكُم :

Read the text of the lesson, on pages. 117-118 of the text book, then answer in writing the following questions in your note books :

١- مَتَى قَرَّرَ فَرِيقُ ٱلكَشَّافَةِ فِي مَدْرَسَتِنَا ٱلقِيَامَ بِرِحْلَةٍ كَشْفِيَّةٍ ؟

٢- مَتَى أَعَدُّوا لَوَازِمَ ٱلرِّحْلَةِ ؟

٣- كَيْفَ ذَهَبُوا إِلَى ٱلمُعَسْكَرِ ؟

٤- هَلِ ٱلمُعَسْكَرُ مَكَانٌ جَمِيلٌ ؟

٥- أَيْنَ يَقَعُ ٱلمُعَسْكَرُ ؟

٦- كَمْ خَيْمَةً أَقَامَ ٱلكَشَّافَةُ ؟

٧- مَاذَا فَعَلُوا بَعْدَ طَعَامِ ٱلعَشَاءِ ؟

٨- مَاذَا لَعِبَ ٱلتَّلَامِيذُ ؟

٩- مَاذَا فَعَلُوا عِنْدَ ظُهْرِ يَوْمِ ٱلجُمُعَةِ ؟

١٠- أَيْنَ تَنَاوَلُوا طَعَامَ ٱلغَدَاءِ ؟

١١- مَاذَا فَعَلَ ٱلكَشَّافَةُ فِي ٱلمَسَاءِ ؟

تَطْبِيقَاتٌ قُرآنِيَّةٌ.......... QUR'ANIC EXAMPLES

١- ﴿ ..... لاَ يُغَادِرُ صَغِيرَةً وَلاَ كَبِيرَةً إِلاَّ أَحْصَٰهَا ..... ﴾ (اَلْكَهْف : ٤٩)

----..

٢- ﴿ ..... إِذَا نُودِيَ لِلصَّلَوٰةِ مِنْ يَوْمِ ٱلْجُمُعَةِ فَٱسْعَوْا إِلَىٰ ذِكْرِ ٱللَّهِ ... ﴾
(اَلْجُمُعَة : ٩)

....

❋ ❋ ❋

لاَ .... Does not	نُودِيَ .... Was called
يُغَادِرُ .... Leave	لِلصَّلَوٰةِ .... For Prayer
صَغِيرَةً .... A little thing	مِنْ .... On
وَلاَ .... Nor	يَوْمِ .... (The) day of
كَبِيرَةً ... A great thing, big thing	ٱلْجُمُعَةِ .... Friday
إِلاَّ .... But	فَٱسْعَوْا .... So hasten,rush
أَحْصَاهَا ...... Took account of it	إِلَى .... To
* * *	ذِكْرِ .... Remembrance
إِذَا .... When, if	ٱللَّهِ .... Allah

❋ ❋ ❋

Please follow the same instructions given in Lesson One, page 4

Please follow the same instructions given in Lesson One, page 5.

اَلـمُحْصِي اَلـمُبْدِئُ اَلـمُعِيدُ اَلـمُحْيِي
اَلْمُحْصِي اَلْمُبْدِئُ اَلْمُعِيدُ اَلْمُحْيِي
اَلْمُحْصِي اَلْمُبْدِئُ اَلْمُعِيدُ اَلْمُحْيِي

The Creator of Life. * The Restorer * The Originator, The Initiator. * The Reckoner, The Acountant.

* **تَسْلِيَة**: (تَسْلِيَةٌ مَعَ لُعْبَةِ ٱلرُّمُوزِ) أُنْظُرُوا إِلَىٰ جَدْوَلِ ٱلرُّمُوزِ ٱلتَّالِي ثُمَّ ٱقْرَأُوا ٱلنَّصَّ مُسْتَبْدِلِينَ بِٱلرُّمُوزِ ٱلْكَلِمَاتِ ٱلصَّحِيحَةَ . وَبَعْدَ ذَٰلِكَ أُكْتُبُوا ٱلنَّصَ فِي ٱلْفَرَاغِ ٱلْمُخَصَّصِ لِذَلِكَ :

(Entertainment activity with the *game of symbols*) : Examine the following diagram of symbols, then read the text replacing the symbols with the words which convey their meanings. After that write down the text in words on the space that follow :

اَلصَّبَاح =
اَلسَّيَارَاتِ =
اَلشَّارِع =
اَلشَّجَرَ =
اَلتِّلْمِيذُ =
اَلـمَدْرَسَةِ =
اَلصَّفِ =
اَلجَرَسَ =

يَذْهَبُ =
يَسْمَعُ =
يَدْخُلُ =
يُشَاهِدُ =
يَكْتُبُ =
يَقْرَأُ =
يَمْشِي =

Read first = ٱقْرَأُوا أَوَّلاً

فِي ، فِي ،
وَ وَ ،
ثُمَّ إِلَى .
وَ
فِي .

Then Write = أُكْتُبُوا

....

....

....

....

....

....

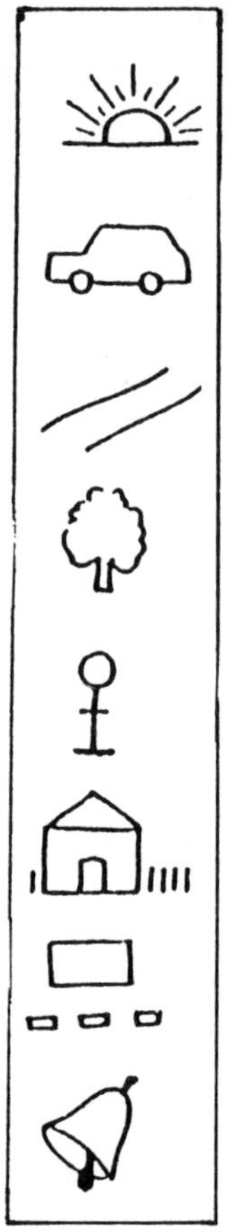

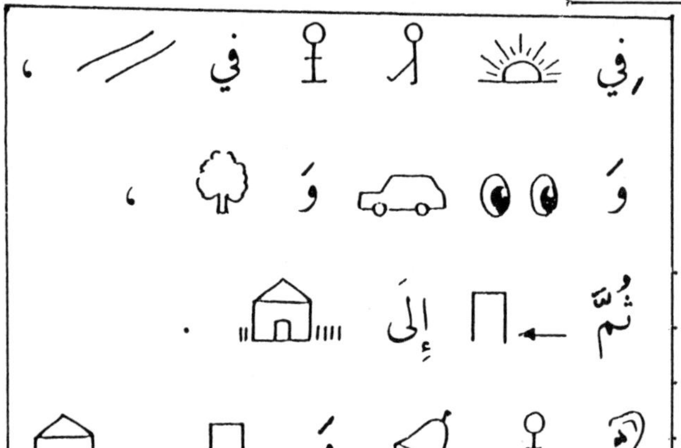

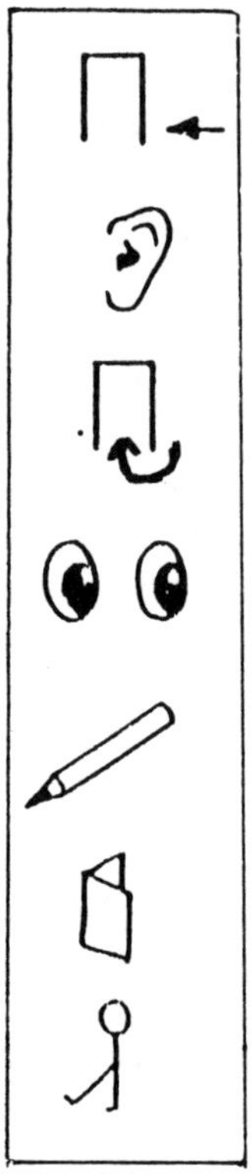